PROJEKTREIHE
KINDERGARTEN

MEIN KÖRPER

Anja Mohr · Rebecca Meyer

Kaufmann Verlag

Inhalt

3 MEIN KÖRPERGERÜST

4 MEIN INNERES

5 MEINEN KÖRPER GESUND HALTEN

KOPIERVORLAGEN

Liebe Erzieher*innen,

der eigene Körper als Experimentierwerkstatt? In diesem Projektheft zum Thema „Mein Körper“ lernen die Kinder ihren Körper (neu) kennen. Ihr Wissen über sich selbst, ihren Körper und seine Aufgaben und Funktionen beschaffen sich die Kinder dabei selbst: indem sie sich genau betrachten, in sich hineinspüren oder auch mit kleinen Selbstversuchen. So lernen auch Sie als pädagogische Fachkraft das Projekt Körper ganz neu und aufregend kennen.

Der eigene Körper ist für die Kinder ein spannendes Thema. Er verändert sich nicht nur im Laufe der Zeit, sondern kann viele tolle Sachen. Denn es gibt Dinge, die unser Körper ganz selbstverständlich und ganz von allein macht: Unser Herz schlägt ununterbrochen, pumpt Blut durch uns hindurch und unsere Lungen arbeiten ohne Pause. In diesem Heft nähern sich die Kinder diesen spannenden Sachverhalten durch Selbstbeobachtung und Selbstversuche: Was passiert, wenn ich schnell renne und einen Finger an meinen Hals halte? Wie fühlt sich meine Hand an, wenn sie in einer Plastiktüte steckt? Was schmecke ich, wenn ich nicht hinsehe, was ich esse? Kommen Sie mit den Kindern mit auf eine spannende Reise in den Körper.
Das Kennenlernobjekt ist immer dabei, denn das ist ja der eigene Körper.
Die Reise beginnt, indem die Kinder ihren Körper zunächst von außen untersuchen, im zweiten Kapitel steht der Kopf mit den Kopfsinnen im Mittelpunkt, bevor es im dritten Kapitel „unter die Haut“ geht: zu Knochen und Gelenken. Das geheimnisvolle Innere unseres Körpers ist Thema in Kapitel vier. Den Abschluss bilden Ideen, Tipps und Infos rund um die Verantwortung für den eigenen Körper und eine spannende Elternaktion, bei der die Familien an den Lernabenteuern der Kinder teilnehmen können.

Die Zielgruppe dieses praxisorientierten Heftes sind Kinder zwischen zwei und sechs Jahren. Es deckt viele Bildungsbereiche ab und spricht das Interesse und die Fähigkeiten der Kinder an.

Das Motto unserer „Projektreihe Kindergarten“
Alle Ideen sollen Sie bei der Arbeit kompetent und zielführend unterstützen.
Darum sind sie:

- schnell einsatzbereit und leicht umsetzbar,
- in der Praxis mehrfach erprobt und für gut befunden,
- differenziert auf den Erfahrungs- und Wissenshorizont von Kindern im Alter von drei bis sechs Jahren ausgerichtet,
- klar strukturiert und im Buch schnell zu finden.

Ich wünsche Ihnen und den Kindern viel Freude auf der Entdeckungsreise durch den eigenen Körper.

ANJA MOHR

1

MEIN KÖRPER

Wie sehe ich denn eigentlich aus? Zu Beginn des Projekts lernen die Kinder den Körper mit seinen wichtigsten Körperteilen kennen. Im Selbstversuch und mit viel Kreativität setzen sich die Kinder auch mit Temperaturen und der Haut auseinander.

1 Mein Körper

SACHGESPRÄCH

ALTER ab 4 Jahren

ZIELE Sachwissen, Sprache, Ausdruck, Beobachtung

MATERIAL Plakat, Farbstifte, weiße Notizzettel, Schere, Kleber

Als Einstieg in das Projekt oder in das Thema „Körper“ bietet sich ein Gespräch mit den Kindern an, bei dem Sie feststellen können, was die Kinder schon so alles über den Körper wissen. Mit einem Plakat als Dokumentationshilfe machen Sie die Ergebnisse mit den Kindern für alle anschaulich.

Laden Sie die Kinder zu einem Sitzkreis ein und geben ihnen einfach das Stichwort „Körper“, genauer gesagt „der menschliche Körper“. Geben Sie den Kindern zunächst etwas Zeit, um darüber nachzudenken. Haben die Kinder gleich Ideen und möchten sich äußern? Falls nicht, können Sie mit Fragen helfen:

- Was gibt es an und in unserem Körper?
- Kennt ihr Körperteile?
- Kennt ihr auch etwas, das in unserem Körper ist?

Inspirieren lassen können sich die Kinder, indem sie sich ihren Sitznachbarn oder ihre Sitznachbarin genauer anschauen.

Auf Notizzettel und Malpapier können die Kinder Körperteile malen, die sie kennen. Legen Sie das Plakat nun in die Mitte und lassen die Kinder ihre Äußerungen aufkleben. Beschriften Sie das Gemalte noch mit dem Begriff, den die Kinder nennen.

Der Körper

Auf den ersten Blick unterscheidet man beim menschlichen Körper grob Kopf, Extremitäten und Torso. Aber unser Körper besteht noch aus vielen anderen Strukturen wie Knochen, Gelenken, Muskeln, Nerven, Sehnen, Organen und Geweben. Der Körper eines erwachsenen Menschen enthält etwa 206 Knochen, 29 Organe, 650 Muskeln, 5–7 Liter Blut sowie 100 Milliarden Nervenzellen.

Durch diese Gesprächsrunde erfahren Sie, was die Kinder bereits über den Körper wissen, und machen das Thema für alle anschaulich. Nun kann Ihre Projektplanung in Abstimmung mit den Kindern erfolgen.
Beschriften Sie das Plakat mit „Mein Körper" und hängen Sie es auf. Haben die Kinder Lust, in nächster Zeit ihren eigenen Körper besser kennenzulernen und mehr über ihn zu lernen und zu forschen?

2 Das sehe ich an meinem Körper

KREATIVAKTION

ALTER ab 4 Jahren

ZIELE Sprache, Ausdruck, Beobachtung, Feinmotorik

MATERIAL Ganzkörperspiegel, DIN-A4-Blätter, Bleistift, Farbstifte

Den eigenen Körper bewusst betrachten und wahrnehmen: In einem Ganzkörperspiegel machen sich die Kinder ein Bild davon.

Mit einer Kleingruppe versammeln Sie sich vor dem Spiegel. Die Aufgabe der Kinder ist es nun, sich in dem Ganzkörperspiegel genau zu betrachten. Fragen Sie die Kinder, was sie sehen. Welche Körperteile können sie entdecken?
Ihre Beobachtungen können die Kinder jeweils auf einem Malblatt festhalten. Dazu verwenden sie am besten zuerst einen Bleistift, um eine grobe Skizze zu malen, die sie anschließend mit Details ausgestalten können. Unterstützen Sie die Kinder, indem Sie sie beispielsweise nach fehlenden Körperteilen fragen: „Was hast du an deiner Hand? Finger?"
Nach Wunsch können die Kinder ihre Bilder noch bunt ausgestalten.

3 Der Mensch

KREATIVAKTION

ALTER ab 4 Jahren

ZIELE Sachwissen, Sprache, Ausdruck, Beobachtung, Feinmotorik, Kreativität

MATERIAL weißer Plakatkarton, Farbstifte

Die Kinder haben Teile ihres Körpers durch das Betrachten im Spiegel kennengelernt. Aber haben alle Menschen die gleichen Körperteile? Und wie heißen sie genau? Bei dieser gemeinsamen Malaktion finden es die Kinder heraus.

Setzen Sie sich mit Kindern in einem Kreis auf den Boden. Legen Sie den Plakatkarton in die Mitte. Rufen Sie ihnen die Aktion mit dem Spiegel in Erinnerung: Die Kinder haben Körperteile an sich entdeckt und möchten bestimmt erfahren, wie diese genau heißen. Manche haben einfache Namen wie Hand oder Fuß. Aber es gibt noch andere, die fast jeder Mensch hat und deren Namen die Kinder vielleicht noch nicht kennen.

Fragen Sie die Kinder, welcher Körperteil sich in der Mitte befindet. Richtig, der Bauch. Zeichnen Sie ihn mittig auf den Plakatkarton. Der Reihe nach können die Kinder nun Körperteile benennen und auf dem Plakat dazumalen. Führen Sie dabei etwas Regie, denn vor dem Kopf sollte der Hals gemalt werden und vor der Hand ein Arm. Eventuell geben Sie den Kindern auch Stichworte wie „die Schulter".

Sind alle Körperteile gemalt, können die Kinder der Figur einen Namen geben. Zur Vertiefung können Sie mit den Kindern die Körperteile noch beschriften und bemalen.

4 Sieh mal, was mein Körper alles kann

MITMACHGESCHICHTE

ALTER ab 3 Jahren

ZIELE zielgerichtete Bewegungen, Koordination, Körperbewusstsein

MATERIAL Sitzkissen

Wir können so viel mit unserem Körper tun. Was genau? Finden Sie es gemeinsam heraus, beispielsweise mit dieser Mitmachgeschichte in Reimform.

Finden Sie sich mit den Kindern zusammen und sprechen Sie noch einmal über den Körper bzw. die einzelnen Körperteile. Gehen Sie gemeinsam alle Körperteile durch, die sich bewegen können. Die Kinder dürfen nun auch zeigen, wie genau sich diese Körperteile bewegen, z. B. indem sie mit den Fingern zappeln, mit den Armen rudern …
Im Anschluss lesen Sie die Geschichte vor und die Kinder machen die einzelnen Bewegungen mit den jeweiligen Körperteilen. Dazu stehen am besten alle Kinder auf und bilden einen Kreis.

Geschichte

Sehen wir uns einmal an, was unser Körper alles kann:
Mit den Händen können wir **klatschen**,
auf die Oberschenkel **patschen**.
Mit den Schultern kann man **wackeln**,
mit den Fingern kann man **zappeln**.
Mit den Armen kann man **schwingen**,
mit den Beinen dazu **springen**.
Mit dem Kopf, da kann man **kreisen**
und mit dem Finger die Richtung **weisen**.
Mit dem Fuß, da kann man **tippen**,
mit dem Popo dazu **wippen**.
Mit den Augen kann man **sehen**
und dazu auf der Stelle **gehen**.
Mein Körper kann sich **strecken**
und dabei die Arme **recken**.
Und bist du müde, dann mach es doch so,
und **setz** dich einfach auf den Popo.

5 Körperteile-Puzzles

SPIEL

ALTER ab 3 Jahren

ZIELE Sachwissen, Würfelaugen erkennen, vergleichen

MATERIAL Kopiervorlage „Körperteile 1 & 2", weißes und buntes Papier, Schere, Kleber, Farbstifte, Würfel mit Augen

Bei diesen Puzzles lernen die Kinder, die einzelnen Körperteile dem Körper zuzuordnen und ihn zusammenzusetzen. Dies geschieht mithilfe eines Würfels. Das Spiel eignet sich auch als Aktionstablett.

Kopieren Sie die Vorlagen „Körperteile 1 & 2" zweimal. Die Kinder können nun bei einer Vorlage die Körperteile in einer Hautfarbe ihrer Wahl bemalen sowie die Haare und die Kleidungsstücke anmalen. Schneiden Sie die bemalte Vorlage in die sechs Einzelteile – Kopf, Rumpf, Arme und Beine. Die zweite Vorlage bleibt weiß, sie kann ausgeschnitten und zum besseren Erkennen auf ein buntes Blatt geklebt werden.

Die Kinder haben den Umriss des Körpers sowie die Einzelteile vor sich liegen. Durch Würfeln werden nun die Körperteile zugeordnet. Ein Kind würfelt und die Kinder vergleichen die Würfelaugen mit den auf den Körperteilen abgebildeten. Welcher Körperteil wurde erwürfelt? Anschließend sehen sich die Kinder die angemalten Körperteile genau an. Welche Zahl entspricht den Würfelaugen? Das Kind nimmt das entsprechende Teil und legt es auf den Umriss. Dann ist das nächste Kind an der Reihe. Wird von einem Kind eine Zahl gewürfelt, die bereits gelegt wurde, gibt es den Würfel weiter.
Das Spiel ist beendet, wenn alle Körperteile richtig gelegt wurden.

6 Meine Hände

SACHGESPRÄCH MIT KREATIVAKTION

ALTER ab 3 Jahren

ZIELE Sachwissen, Sprache, Ausdruck, Beobachtung, Feinmotorik, Kreativität

MATERIAL weißer Plakatkarton, Farbstifte, Fingerfarben, buntes Papier, Schere, Kleber

Zwei Körperteilen schenken wir besondere Beachtung, denn sie sind am häufigsten in Gebrauch und ohne sie wäre das Leben sehr schwierig: die Hände. Aber viele Menschen, die keine Hände haben, können sich sehr gut helfen. In dieser Idee widmen sich die Kinder den Händen.

Kommen Sie mit den Kindern zu einem Sitzkreis zusammen und bitten alle Kinder, sich auf ihre Hände zu setzen und diese dort zu belassen. Auch Sie setzen sich auf ihre Hände. Sprechen Sie ein bekanntes Fingerspiel laut vor. Sehr gut passt hier z. B. das Fingerspiel „10 kleine Zappelmänner“. Fragen Sie die Kinder, was bei diesem Fingerspiel gefehlt hat. Richtig, Ihre Hände und Finger! Alle dürfen die Hände nun wieder hervorholen. Sprechen Sie nun gemeinsam darüber, wie wichtig unsere Hände sind. Was können unsere Hände alles? Für was brauchen wir sie? Legen Sie dazu das Plakat in die Mitte. Wenn ein Kind eine Idee hat, wofür wir unsere Hände benötigen, darf es seine Hand auf den Karton legen, sie mit einem Stift umfahren und die Hand anschließend anmalen.

Ziehen Sie mit den Kindern ein Fazit: Wenn wir unsere Hände nicht hätten, könnten wir viele Sachen nicht machen. Eine Hand kann schon viel alleine, zwei Hände sind ein Team und können vieles sehr gut.

Um das zu verdeutlichen, können Sie eine Kiste in die Mitte stellen. Die Kinder werden feststellen, dass sie diese mit einer Hand nicht heben können, mit beiden Händen jedoch schon.

7 Hände

FINGERSPIEL

ALTER ab 3 Jahren

ZIELE Feinmotorik, Zuhören, Sprachverständnis

MATERIAL Sitzkissen

Kinder haben oft Freude am Vergleichen und spielen gerne mit ihren Händen. Bei diesem Fingerspiel erkennen sie, dass jeder Mensch andere Hände hat.

Kommen Sie mit den Kindern zu einem Sitzkreis zusammen und lesen Sie ihnen das Fingerspiel zunächst einmal vor. Erarbeiten Sie nacheinander gemeinsam zu den einzelnen Sätzen die Bewegungen. Anschließend wiederholen Sie das Fingerspiel mehrmals, bis die Kinder die Bewegungen selbst machen und vielleicht schon mitsprechen können.

Ich habe zwei Hände, die zeige ich dir.
Hände hochhalten

Zeige mir auch deine, dann vergleichen wir sie hier.
Die Hände mal nach links, mal nach rechts strecken

Hast du 10 Finger wie ich,
lass sie uns zählen, so schwer ist das nicht.
1, 2, 3, 4, 5, 6, 7, 8, 9, 10 –
Mensch, genau wie ich, das kann ich seh'n.
Nacheinander die Finger abzählen

Können deine Hände sich drücken, streicheln und boxen wie meine?
Meine Hände können das ganz von alleine!
Kinder drücken ihre Hände, streicheln sie, ballen eine Faust und boxen

Das ist verrückt, wie ähnlich sie sind.
Sie sehen fast gleich aus bei jedem Kind.
Komm, wir malen und vergleichen die Hand,
hängen die Bilder an unsere Wand.
An einer Hand die Finger spreizen und mit dem Zeigefinger der anderen an dieser entlangfahren

8 Mein Körper macht Musik

LIED

ALTER ab 2 Jahren

ZIELE eine Melodie halten, Sprache, Bewegungen koordinieren, Rhythmusgefühl

MATERIAL Liedtext

Mit unserem Körper können wir Geräusche machen, beispielsweise beim Klatschen mit den Händen. Dieses Lied können die Kinder mit noch mehr Körpergeräuschen begleiten.

Dieses Lied können Sie in einem Kreis mit allen Kindern gemeinsam singen. Singen Sie den Kindern das Lied vor und die Kinder können bei der ersten Strophe sofort mitklatschen. Alle weiteren Strophen erarbeiten Sie mit den Kindern mit der Frage: Mit welchen Körperteilen können wir noch Musik machen?
Hier noch einige Anregungen:

- Füße stampfen
- Finger schnipsen
- mit der Zunge schnalzen
- die Lippen schürzen und pfeifen

Der Fantasie sind hier keine Grenzen gesetzt, um das Lied mehrmals, jedoch mit anderen Bewegungen zu singen. Singen Sie das Lied zur Melodie von „If you're happy and you know it, clap your hands."

Wenn du fröhlich bist,
dann klatsche in die Hand (klatsch, klatsch).
Wenn du fröhlich bist,
dann klatsche in die Hand (klatsch, klatsch).
Wenn du fröhlich bist und heiter,
ja dann sag es allen weiter.
Wenn du fröhlich bist,
dann klatsche in die Hand (klatsch, klatsch).

9 Meine Körperhülle

SACHGESPRÄCH MIT EXPERIMENT

ALTER ab 4 Jahren

ZIELE Sachwissen, Sprache, Ausdruck, Beobachtung

MATERIAL Lupen, dreilagiges Toilettenpapier

Unser Körper ist umgeben von einer Hülle, der Haut. In diesem kleinen Experiment finden die Kinder heraus, was unsere Haut so alles kann und wozu sie wichtig ist.

Kommen Sie mit den Kindern zu einem Kreis zusammen. Jeder soll sich nun seinen Handrücken einmal genau ansehen. Dabei sehen die Kinder die Haut, die unsere Hand umhüllt. Regen Sie die Kinder an, diese genauer zu betrachten und zu beschreiben, was sie sehen. Dazu können die Kinder Lupen verwenden. Fragen Sie nach, was die Kinder durch die Lupen sehen und entdecken können.
Erklären Sie den Kindern, dass die Haut sozusagen unsere Verpackung ist und somit sehr wichtig. Die Kinder sollen sich die Hand ihres Nachbarn einmal anschauen. Sie sieht wahrscheinlich etwas anders aus, denn jede Haut ist anders, dazu kommen noch kleine Details wie vielleicht Abschürfungen, Sommersprossen, Leberflecke oder eingerissene Nägel. Doch die Haut ist bei jedem gleich aufgebaut und sie hat die Aufgabe, unser Inneres zu schützen. Sie reguliert unsere Körpertemperatur und lässt uns Dinge wahrnehmen. Gehen Sie auf diese Wahrnehmung kurz ein, z. B. dass uns die Haut ermöglicht, Berührungen zu spüren, aber auch Temperaturunterschiede.

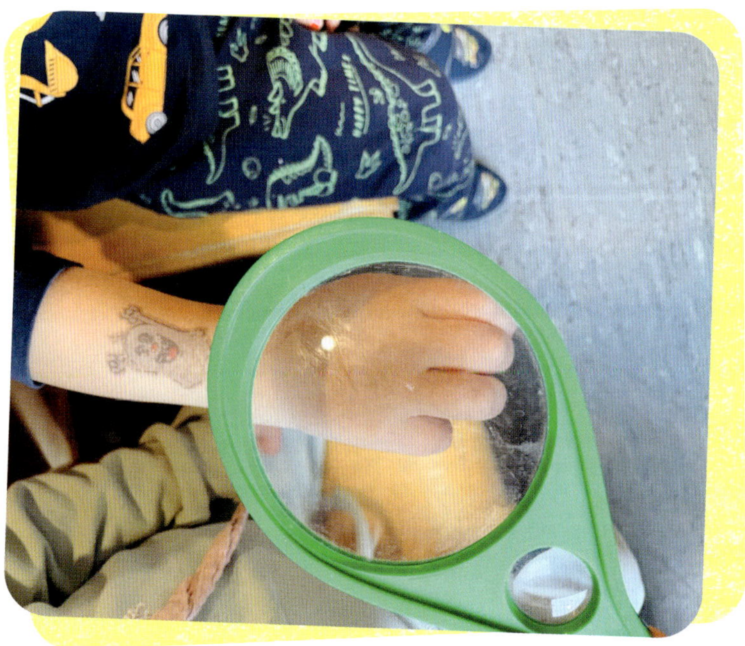

Die Haut

Die Haut bedeckt unseren ganzen Körper und ist neben den Faszien das größte Organ des Menschen. Bei einem erwachsenen Menschen ist sie ca. zwei Quadratmeter groß und wiegt zwischen 3,5 bis 10 Kilogramm.
In der Haut befindet sich das Pigment Melanin, das über die Färbung der Haut, aber auch der Augen und der Haare entscheidet. Viele Pigmente sorgen für eine dunklere Hautfarbe. Sonnenstrahlen regen die Produktion von Melanin in der Haut an, was dafür sorgt, dass man durch die Sonne braun wird.

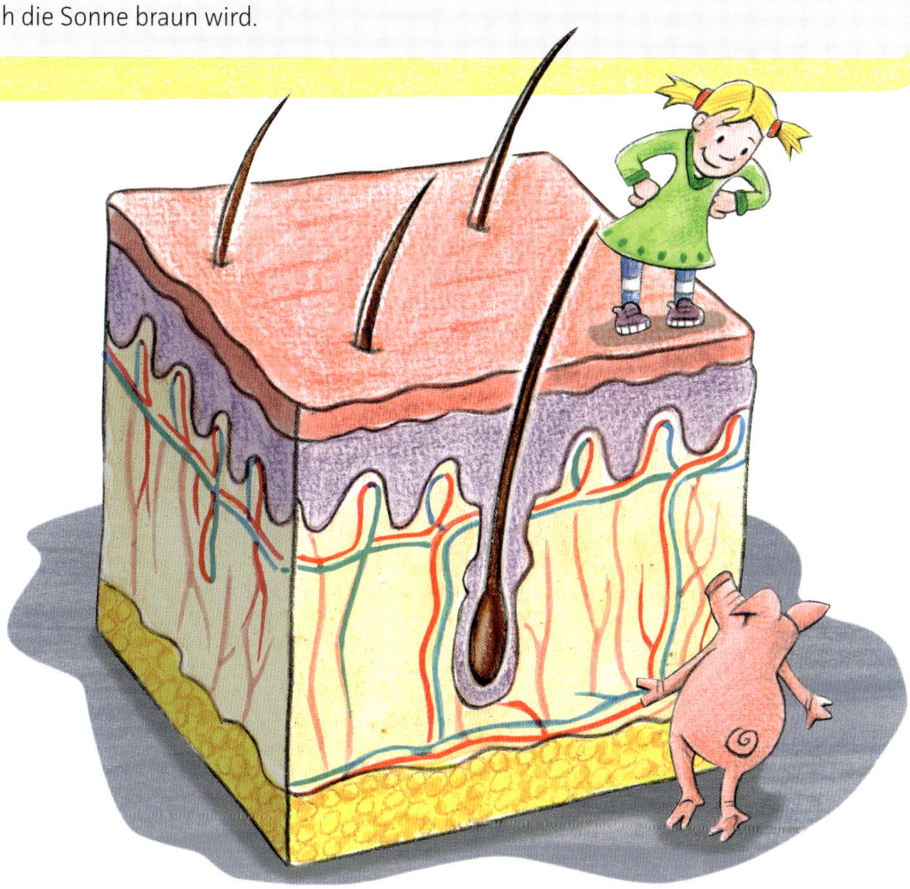

Erklären Sie anschließend, dass die Haut aus drei Schichten besteht, von denen wir nur eine sehen.
Nehmen Sie das Toilettenpapier und erklären, dass dieses Blatt ähnlich wie unsere Haut ist. Zerlegen Sie nacheinander das Toilettenpapier in seine einzelnen Schichten.

- Erste Schicht: Die Oberhaut ist die Haut, die wir sehen. Sie schützt uns vor dem Eindringen von Bakterien.
- Zweite Schicht: Die Lederhaut ist sehr elastisch, in ihr befinden sich die Schweißdrüsen, die Haarwurzeln sowie die Blutgefäße.
- Dritte Schicht: Die Unterhaut besteht aus Fett. Sie ist dazu da, uns vor Kälte zu schützen und auch darauf zu achten, dass die Wärme in unserem Körper bleibt.

Zum Schluss sollen die Kinder Vermutungen anstellen, wie dick unsere drei Hautschichten sind. Die Antwort: nur ein wenig dicker als das Toilettenpapier.

10 Warm oder kalt?

EXPERIMENT MIT KREATIVAKTION

ALTER ab 3 Jahren

ZIELE Sachwissen, Sprache, Ausdruck, Beobachtung, Fühlen

MATERIAL Wasser, zwei Plastikbeutel, Eiswürfel, Winterhandschuhe für jedes Kind

Wir spüren Wärme und Kälte auf unsere Haut. Wir frieren und wir schwitzen. Das sind Signale und Mechanismen unseres Körpers, um uns gesund zu halten. In dieser kleinen Versuchsreihe testen die Kinder das selbst aus – und verstehen dabei, wie wichtig die richtige Kleidung ist.

Organisieren Sie für diese Aktion zuvor dicke Handschuhe. Fragen Sie bei den Eltern nach oder stöbern Sie im Fundus Ihrer Einrichtung.

Füllen Sie einen Plastikbeutel mit warmem und einen Beutel mit kaltem Wasser und verschließen Sie die Beutel fest, indem sie sie oben zuknoten.
Nacheinander halten sich die Kinder den kalten Wasserbeutel an die Wange. Wie fühlt sich das an? Danach ist der warme Beutel an der Reihe. Was ist angenehmer? Was tut gut, was ist unangenehm? Wenn die Kinder die Beutel in die Hände nehmen, nehmen sie die Unterschiede noch bewusster wahr. In unserer Haut gibt es winzige Nervenzellen. Manche von ihnen reagieren auf Temperatur bzw. Hitze und Kälte. Andere reagieren auf Berührung oder Druck.

Übertragen Sie diese Fühlaktion auf das Wetter. Warm oder kalt, so spüren wir auch das Wetter auf unserer Haut. Wenn es sehr warm ist, schwitzen wir, und wenn es kalt ist, bekommen wir Gänsehaut. Das macht unser Körper. Durch Schwitzen und Frieren sagt er uns: „Aufpassen!" Das Schwitzen sorgt zudem dafür, den Körper zu kühlen. Denn dann kühlt die Luft die feuchte Haut ab. Das können die Kinder gut nachmachen, wenn sie ihre Hand zuerst nass machen und dann in den Wind (beispielsweise von einem Ventilator) halten. Gänsehaut, also das Aufstellen der Haare, soll dagegen für Wärme sorgen.

Sprechen Sie darüber, warum der Körper will, dass wir auf uns aufpassen:

- Damit es uns gut geht.
- Damit wir nicht krank werden.
- Damit unser Körper keinen Schaden nimmt.

Besonders die Kleidung hilft dabei, unseren Körper zu schützen. Die Kinder ziehen einen Handschuh an einer Hand an. Sie dürfen nun in jede Hand einen Eiswürfel nehmen. Was spüren sie? Es ist angenehmer, den Eiswürfel mit dem Handschuh zu halten. Genauso ist es im Winter angenehmer draußen mit der richtigen Kleidung, die unseren Körper schützt.
Im Sommer brauchen wir keine dicke Kleidung, da unser Körper dann schwitzt, um sich abzukühlen.

Erweiterung

Kleben Sie auf ein Plakat eine Sonne und auf ein anderes eine Schneeflocke.
Nach Lust und Laune füllen die Kinder das Plakat auf beiden Seiten mit Kleidung. Die Kleidung kann gemalt oder auch aus Prospekten ausgeschnitten werden.

11 Wie wir wachsen

MATHEMATIK-SPIELAKTION

ALTER ab 3 Jahren

ZIELE Wachsen bewusst machen, Konzentration, Aufmerksamkeit, Zahlen und Mengen, Farbenlehre, Sprache

MATERIAL Kopiervorlage „Monster", jeweils 5 Faltpapiere à 10 x 10 cm in Rot, Gelb, Blau, Grün und Orange, Farbstifte, Schere

Jeden Tag werden die Kinder ein Stückchen größer: Das ist eine Entwicklung, die die Kinder sehr interessiert. Gucken auch Ihre Kinder gern Fotos von sich als Baby oder Kleinkind an? Bei dieser Idee werden das Wachsen und Größerwerden anschaulich.

Fertigen Sie mit der Kopiervorlage den Kopf und die Füße des Monsters an und bemalen es. Legen Sie die Faltblätter bereit.
Finden Sie sich mit den Kindern zu einem Sitzkreis zusammen und fragen Sie die Kinder, ob sie schon einmal festgestellt haben, dass sie immer größer werden. Besprechen Sie mit den Kindern, dass sie immer weiterwachsen, bis sie in einem bestimmten Alter ihre feste Größe erreicht haben. Ziehen Sie auch ein Fazit, dass jeder einmal „klein" wie ein Baby gewesen ist. Leiten Sie über auf die Geschichte des Monsters Klitzeklein.

Geschichte

Ich kenne jemanden, der ist sehr traurig, weil er nicht weiß, dass er wachsen kann. Es ist das Monster Klitzeklein und von diesem möchte ich euch heute erzählen.
Legen Sie das Monster in die Mitte und lesen Sie den ersten Teil der Geschichte vor.

In einem fernen Land leben viele kleine und große Monster. Es sind alle ganz liebe Monster, die immer nur lustig und fröhlich sind. Auch ein ganz kleines Monster lebt dort. Es heißt Monster Klitzeklein. Könnt ihr euch vorstellen, warum das Monster Klitzeklein heißt? Richtig, weil es das kleinste von allen Monstern ist. Die anderen Monster sagen zu ihm: „Macht nichts, du wirst auch noch wachsen." Doch Monster Klitzeklein wächst einfach nicht und es wird immer trauriger, weil es so viele Sachen, die die großen Monster tun können, nicht kann. Zum Beispiel kann es nie mit den anderen Monstern Ballfangen spielen. Die anderen Monster sind einfach zu groß und schnappen Klitzeklein jeden Ball aus der Luft weg. Könnt ihr euch vorstellen, was das Monster Klitzeklein noch alles nicht kann?

Reden Sie mit den Kindern darüber, was das Monster alles nicht kann, weil es zu klein ist. Lassen Sie es zu, dass die Kinder durch Fantasieren auch Dinge erfinden.

Eines Tages ist Monster Klitzeklein wieder sehr traurig und geht in den Wald. Dort setzt es sich unter einen Baum und weint, als es plötzlich eine Stimme hört. „Hey du, warum bist du denn so traurig?"
Das Monster sieht sich um und entdeckt oben im Baum einen kleinen Wicht mit langem weißen Bart.
„Ach, ich bin so traurig, weil ich so klein bin", sagt das Monster zu dem kleinen Wicht.
„Das musst du doch nicht – klein sein ist schön", sagt der Wicht. „Aber ich kann dir einen Trick verraten, wie du wachsen kannst. Du musst die Zauberfrüchte aus dem Wald verspeisen und schon wirst du wachsen."
Mit großen Augen sieht Klitzeklein den kleinen Wicht an und fragt: „Wo finde ich die Früchte denn?"
„Überall hier im Wald, schau dich nur um", sagt der Wicht und verschwindet.
Monster Klitzeklein steht auf und denkt: „Dann such ich mal diese Früchte."
Erklären Sie den Kindern nun, dass das Faltpapier die Früchte darstellt und dass das Monster wachsen wird, wenn es die richtigen Früchte isst. Zeigen Sie den Kindern, wie sie die passende Anzahl Früchte/Faltpapiere an das Monster anlegen können.

Klitzeklein findet einen roten Apfel, den verspeist es ganz.
Rotes Faltpapier zwischen Kopf und Füße legen.
Am nächsten Baum hängen zwei grüne Birnen, auch die verschwinden in seinem Maul.
Zwei grüne Faltpapiere an die roten legen.
Dann noch eine gelbe Banane hinterher.
Ein gelbes an die beiden grünen Faltpapiere legen.
Anschließend zupft es drei rote Kirschen vom Baum ab.
Drei rote Faltpapiere anfügen.
Vom Busch daneben schnappt es sich zwei blaue Pflaumen.
Zwei blaue Faltpapiere anlegen.
Zum Schluss verspeist es eine Orange.
Als Letztes ein orangefarbenes Faltpapier vor die Füße legen.
Jetzt schaut euch mal das Monster Klitzeklein an. Ist es noch klein? Konntet ihr euch merken, was es alles gegessen hat?

TIPP Spielen Sie mit den Kindern verschiedene Möglichkeiten durch, was das Monster noch alles essen könnte, um noch mehr zu wachsen, und nehmen Sie dabei wieder die Farben der Speisen und Lebensmittel mit auf. Die Kinder können ihre Ideen wieder sprachlich begleiten, indem sie die Früchte oder Speisen genau benennen und die Anzahl und die Farben angeben.

12 Mein Körper verändert sich

SACHGESPRÄCH MIT KREATIVAKTION

ALTER ab 3 Jahren

ZIELE Körperwahrnehmung, Sprache, Ausdruck, Beobachtung

MATERIAL Bilder vom Baby bis zur Oma (mindestens vier Bilder), Kopiervorlage „Mein Körper"

Im Laufe der Zeit ändert sich unser Körper. Wir werden größer und dabei verändern wir uns. Für die Kinder ist es immer wieder interessant und bestärkend, zu erfahren, wie sich ihr eigener Körper verändert, wie er wächst und stärker und größer wird.

Kommen Sie mit den Kindern zu einem Sitzkreis zusammen und zeigen das Bild des Babys. Fragen Sie die Kinder, was sie sehen: ein Baby, also einen Menschen am Anfang seines Lebens. Dann legen Sie die anderen Bilder dazu. Jedes Bild kommentieren und besprechen die Kinder, dabei fallen sicherlich wichtige Begriffe wie Kind, Erwachsener, Oma/Opa. Analysieren Sie gemeinsam das Aussehen. Gibt es gravierende Unterschiede? Können die Kinder die Bilder in eine sinnvolle Reihenfolge legen? Die Kinder werden feststellen, dass der Mensch sich im Laufe der Zeit verändert. Man wird nicht nur größer und älter, auch der Körper verändert sich. Haben die Kinder das schon einmal selbst bemerkt, beispielsweise wenn Kleidung oder Schuhe nicht mehr passen?

Gestalten Sie nach Wunsch mit jedem Kind die Kopiervorlage „Mein Körper" für den Portfolio-Ordner.

2

MEIN KOPF UND MEINE SINNE

Um den Kopf und seine vier Sinne Sehen, Hören, Schmecken und Riechen geht es auf den folgenden Seiten. In Selbstversuchen und Kreativaktionen lernen die Kinder Augen, Nase, Ohren, Mund und Zunge kennen.

13 Mein Kopf

SACHGESPRÄCH MIT KREATIVAKTION

ALTER ab 4 Jahren

ZIELE Sachwissen, Sprache, Ausdruck, Beobachtung

MATERIAL DIN-A3-Blatt in Weiß, Farbstifte, Handspiegel

Mit Handspiegeln betreiben die Kinder Forschung an sich selbst: Was gehört alles zu unserem Kopf? Damit beginnt unsere Projektreise zum und in den Kopf.

Laden Sie die Kinder ein, ihren Kopf genauer zu betrachten. Was können sie dort alles erkennen? Damit die Kinder sich genauer anschauen können, eignen sich Handspiegel.
Die Kinder sagen und benennen alles, was ihnen auffällt. Legen Sie das Blatt in die Mitte und zeichnen Sie den Umriss eines Kopfes auf. Die Kinder zeichnen die genannten Bestandteile dazu. So kann in Gemeinschaftsarbeit ein Kopf mit so vielen Details wie möglich entstehen.
Sind die Äußerlichkeiten erarbeitet, können die Kinder noch überlegen, was es im Inneren unseres Kopfes gibt. Schreiben Sie alles auf und/oder lassen Sie die Kinder diese „Dinge“ mit auf das Bild malen.

Das Gehirn

Das Gehirn ist das wichtigste Organ des Menschen. Es ist die Schaltzentrale, die unseren Körper steuert, und der Sitz des Gedächtnisses. Das Gehirn ist durch den Schädelknochen, die Hirnhaut sowie das Hirnwasser gut geschützt und wiegt bei einem erwachsenen Menschen ca. 1,3 Kilo. Das Gehirn besteht aus ungefähr 100 Milliarden Nervenzellen, die miteinander verbunden sind. Das Hirn unterteilt sich in verschiedene Schaltzentralen: Vorne an der Stirn sitzt der Bewegungsapparat, an den Schläfen werden Sprache und Gedächtnis gesteuert. Der Gleichgewichtssinn liegt in der Mitte des Gehirns, genau wie das Sehen, Hören, Riechen und Schmecken.
Der hintere Teil stellt die Verbindung zum Rückenmark her. Außerdem werden von hier wichtige Körperfunktionen wie die Atmung, das Herz und der Blutkreislauf gesteuert.

14 Was gehört wohin?

SPIEL

ALTER ab 2 Jahren

ZIELE Sprache, Ausdruck, Wortschatzerweiterung, Beobachtung

MATERIAL Fotoapparat

Bei diesem Spiel geht es darum, Körperteile zu benennen und am eigenen Körper zu finden. Insbesondere im U3-Bereich erweitert das Spiel den Wortschatz der Kinder. Gleichzeitig trainieren die Kinder ihre Körperwahrnehmung.

Bereiten Sie das Spiel alleine oder auch mit den Kindern vor. Fotografieren Sie zu Anfang nur Dinge, die sich an unserem Kopf befinden, wie Augen, Nase, Mund, Haare, Wangen … Sie können den Schwierigkeitsgrad später noch erhöhen, indem Sie diverse Körperteile – Fußzehen, Finger, Knie usw. – fotografieren. Drucken Sie anschließend alle Bilder aus.

Finden Sie sich mit den Kindern zu einem Kreis zusammen und legen Sie die Bilder umgedreht in die Mitte. Ein Kind darf ein Bild umdrehen. Es benennt das Körperteil und zeigt es an seinem eigenen Körper. Dann ist das nächste Kind an der Reihe, ein Bild umzudrehen. Kann es das gezeigte Körperteil ebenfalls benennen und am eigenen Körper zeigen?

Variante

Sie können auch die Umrisse eines Kopfes (Kreis) oder eines Körpers aufmalen und die Kinder legen das Bild nach dem Ziehen an die richtige Position.

15 Die Augen

SACHGESPRÄCH MIT KREATIVAKTION

ALTER ab 4 Jahren

ZIELE Sachwissen, Sprache, Konzentration

MATERIAL Farbstifte, Bild des Augeninneren, DIN-A3-Malblatt, Kopiervorlage „Gesicht"

Die Aufgabe der Augen ist das Sehen. Wir nehmen mit ihnen Farben und Formen wahr, die ein Bild ergeben. Die Augen sind vielleicht unser wichtigstes Sinnesorgan. Kein Wunder, dass unser Körper sie durch viele Tricks gut schützt. Hier erfahren die Kinder mehr darüber.

Suchen Sie im Internet ein klares und möglichst einfaches Bild des Augeninneren raus und drucken es für die Kinder aus.

Laden Sie die Kinder zu einem Sitzkreis ein und fragen Sie beispielsweise:

- Wer sieht etwas Rotes im Zimmer?
- Wer sieht etwas Rundes im Zimmer?
- Wer sieht ein Tier im Zimmer?

Nun können Sie die Frage anschließen, womit wir all diese Dinge in unserer Umgebung sehen. Die Kinder werden die Antwort schnell wissen. Aber wissen sie auch, wie unsere Augen aussehen? Dazu können sich die Kinder gegenseitig betrachten. Schnell werden sie merken: Es gibt unterschiedliche Formen und Farben von Augen. Und das Auge besteht aus vielen kleinen Teilen.
Legen Sie ein Malblatt in die Mitte und zeichnen Sie ungefähr auf, was die Kinder nennen, also Begriffe wie Wimpern, die ovale Form, Lid, Pupille … Ältere Kinder können natürlich auch selbst aufmalen, was ihnen auffällt.
Sprechen Sie mit den Kindern nun darüber, wie unsere Augen überhaupt sehen. Legen Sie dafür das Bild des Augeninneren vor die Kinder.
Nun überlegen Sie gemeinsam: Wann können wir etwas sehen und wann nicht? Richtig, es muss hell sein, damit wir etwas sehen können. Denn das Licht, das auf einen Gegenstand fällt, wird reflektiert und dringt in unser Auge ein durch die Pupille, das schwarze Loch in der Mitte. Lassen Sie die Kinder sich wieder gegenseitig anschauen und herausfinden, wo das „schwarze Loch" ist.
Sie können noch erwähnen, dass die Pupille größer und kleiner werden kann. Wenn es dunkel wird, vergrößert sie sich, damit wir besser sehen können. Wenn es sehr hell wird, zieht sie sich zusammen.

Wenn die Kinder genauer wissen wollen, wie wir sehen können, helfen diese Informationen: Wenn das Licht im Auge angekommen ist, trifft es dort auf die Netzhaut. Dort wird es zu einem „richtigen" Bild und wird dann durch den Sehnerv zum Gehirn weitergeleitet. Das Gehirn erkennt das Bild und sagt uns, was wir da sehen.

Da unsere Augen sehr wichtig für uns sind, werden sie vom Körper geschützt. Gehen Sie darauf ein, was die Kinder beim Aussehen des Auges genannt haben. Fast alle diese Teile haben die Aufgabe, unsere Augen zu schützen:

- Die Augenlider schützen vor Helligkeit und Dingen, die ins Auge kommen könnten.
- Die Tränenflüssigkeit hält unser Auge feucht und spült den Schmutz aus den Augen.
- Die Wimpern sind dazu da, dass kein Schmutz in unser Auge gelangt.
- Die Augenbrauen schützen davor, dass Schweiß in die Augen läuft.

Die Kinder können passend dazu ein Portfolioblatt „Was meine Augen sehen" gestalten. Hierfür können Sie die Augen aus der Kopiervorlage „Gesicht" verwenden. Dabei malen sie die Augen in ihrer jeweiligen Augenfarbe an. Jetzt können die Kinder noch Dinge ergänzen, die sie sehen können, z. B. Farben und Gegenstände.

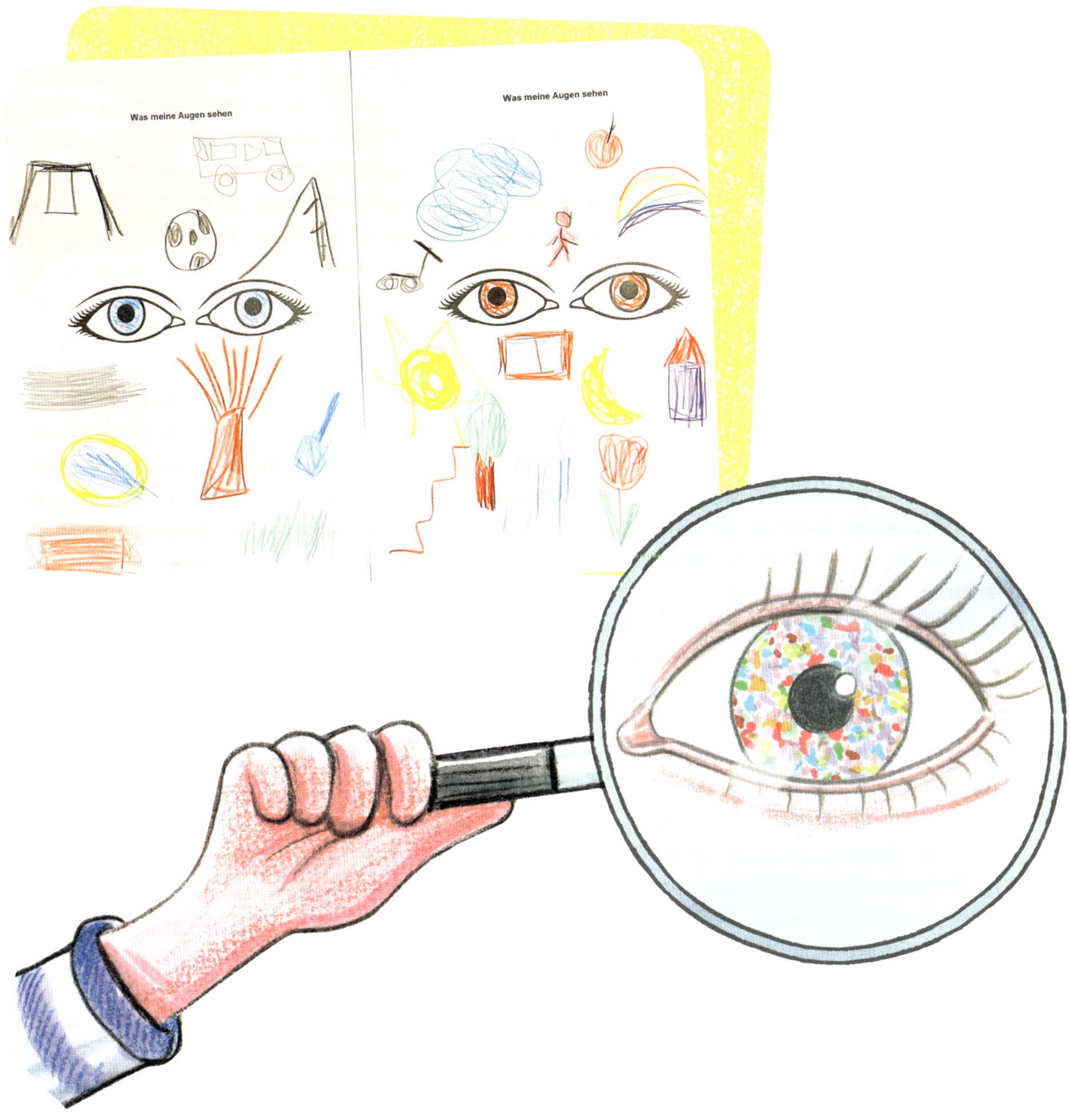

16 Meine Ohren

SACHGESPRÄCH MIT BEWEGUNGSAKTION

ALTER ab 4 Jahren

ZIELE Sachwissen, Sprache, Konzentration

MATERIAL Farbstifte, Handtrommel, Sanduhr (1 Minute), Bild des Innenohrs, Kopiervorlage „Gesicht“

Die Ohren helfen uns dabei, uns in unserer Umwelt zu orientieren. Und auch für das Verstehen und Sprechen von Sprache sind sie wichtig. Hier lernen die Kinder ihre Ohren besser kennen.

Laden Sie die Kinder in den Bewegungsraum ein. Die Kinder sollen nun durch den Raum laufen. Sie nehmen unterdessen die Handtrommel und trommeln mal langsam und mal schneller. Die Kinder gehen entsprechend fast in Zeitlupe oder rennen durch den Raum.
Stoppen Sie nach einer Weile die Bewegungsaktion und die Kinder kommen zu einem Kreis zusammen. Fragen Sie nach, ob das Laufen, Gehen oder Rennen nach dem Schlag der Trommel schwer war. Die Kinder werden wahrscheinlich mit Nein antworten. Doch wie haben die Kinder eigentlich den Schlag der Trommel wahrgenommen? Mithilfe ihrer Ohren.
Die Kinder schauen gegenseitig ihre Ohren an und beschreiben, was sie sehen.
Nun können Sie mit den Kindern das Bild vom Innenohr betrachten: Hier können die Kinder sehen, wie das Hören funktioniert. Geräusche, egal ob laut oder leise, Musiktöne oder Singen, kann man nicht sehen. Aber man kann sie sich als Wellen vorstellen, wie kleine Striche, die durch die Luft schweben. Sie heißen dann Schallwellen. Diese Schallwellen gelangen an unser Ohr und dort in einen kleinen Tunnel, der Gehörgang heißt. Durch den Tunnel kommen sie ans Trommelfell, eine Art kleines Häutchen, das die Schallwellen weiter ins Innenohr leitet an drei

kleine, winzige Knochen mit den lustigen Namen Amboss, Steigbügel und Hammer. Diese Knochen fangen an zu vibrieren und leiten die Geräusche weiter an die Schnecke, die wiederum alles an das Gehirn weitergibt.

Holen Sie nun die Sanduhr hervor. Die Kinder sollen versuchen, so lange ganz leise zu sein, bis die Sanduhr durchgelaufen ist. Sprechen Sie anschließend darüber, was die Kinder in dieser Zeit gehört haben, z. B. Straßenlärm, Vogelzwitschern, Magenknurren … Zeigen Sie mit dieser kurzen Stilleübung, was unser Ohr alles wahrnimmt und wie wichtig das Ohr ist.

Nun können Sie mit den Kindern noch ein kleines Spiel spielen, und zwar „Finde das richtige Geräusch". Alle Kinder verteilen sich dafür im Raum und Sie vergeben an jedes Kind ein Geräusch wie klatschen, stampfen, patschen, brummen usw. Alternativ können natürlich auch die Kinder entscheiden, welches Geräusch sie machen möchten. Wichtig ist nur, dass jedes Kind ein anderes Geräusch macht. Einem Kind werden die Augen verbunden und es soll nun zu dem jeweiligen Geräusch laufen, das bestimmt wurde, z. B. zum klatschenden Kind. Das nennt man Richtungshören.

Im Anschluss können die Kinder passend dazu ein Portfolioblatt „Was meine Ohren hören" gestalten. Hierfür können Sie die Ohren aus der Kopiervorlage „Gesicht" verwenden.

17 Die Nase

SACHGESPRÄCH MIT SPIELAKTION

ALTER ab 3 Jahren

ZIELE Geruchssinn schulen, Konzentration, Merkfähigkeit

MATERIAL 5–8 verschließbare Gläschen oder Döschen, Watte, Essig, Duftöl, Duschgel, Zimt, Teesorten …, Kopiervorlage „Gesicht"

Mit unserer Nase nehmen wir Gerüche wahr. Aber die Nase hat noch weitere wichtige Aufgaben. In diesem Sachgespräch lernen die Kinder mehr über ihre Nase.

Setzen Sie sich mit den Kindern an einen Tisch. Bitten Sie alle Kinder, sich die Augen zuzuhalten, und öffnen Sie die Flasche mit dem Duschgel. Eventuell geben Sie etwas davon auf ein Tuch, damit sich der Geruch stärker verbreitet. Fragen Sie nach, ob die Kinder bereits etwas wahrnehmen. Wahrscheinlich werden die Kinder schnell sagen, dass sie etwas riechen können. Vielleicht wissen sie auch bereits, was sie gerochen haben. Die Kinder dürfen die Augen wieder öffnen und erzählen, wo sie den Geruch wahrgenommen haben – nämlich in der Nase.

Stellen Sie nacheinander Fragen zum Riechen:

- Was können wir denn alles riechen?
- Gibt es angenehme Gerüche (z. B. Blumen) oder schlechte Gerüche (z. B. Müll)?
- Gibt es Orte, die man an ihrem Geruch erkennen kann? Wie riecht es z. B. im Wald, im Schwimmbad oder auf einem Bauernhof?

Gestalten Sie mit den Kindern ein Riechspiel. In zwei Döschen kommt immer der gleiche Geruch. Legen Sie vorher etwas Watte in die Döschen und geben darauf dann die Substanzen. Gläschen können auch noch blickdicht gestaltet werden, damit gleiche Dinge nicht erkannt werden.

Vor dem Einfüllen besprechen Sie jeden einzelnen Duft, damit die Kinder wissen, um was es sich handelt. Möglichkeiten wären Duschgel, Essig, Honig, Zimt, Pfefferminze, Zitronenöl usw. Wenn alle Gläser gemeinsam gefüllt sind, mischen Sie diese. Nach der Reihe versucht jedes Kind, zwei gleich riechende Dosen zu finden. Dabei gelten die gleichen Spielregeln wie bei dem Tischspiel „Memory". Hat jemand „falsch" gerochen, kommt der Nächste an die Reihe. Hat das Kind zwei gleiche Düfte gefunden, darf es weitermachen.

Nach der Einführung geben Sie die Gläschen/Döschen in eine Schachtel, auf die die Kinder Nasen kleben können. So wird das Riechmemory als solches erkannt und kann seinen Platz im Regal finden.

TIPP Damit die Kinder sich beim Einzelspiel kontrollieren können, kleben Sie immer zwei gleichfarbige Punkte unter die zwei gleich riechenden Dosen.

Zum Abschluss können die Kinder passend dazu ein Portfolioblatt „Was meine Nase riechen kann" gestalten. Dabei können sie zum Beispiel nach „gut" und „schlecht riechend" unterscheiden. Hierfür können Sie die Nase aus der Kopiervorlage „Gesicht" verwenden.

18 Was schmecke ich da?

SPIELAKTION

ALTER ab 3 Jahren

ZIELE Geschmackssinn fördern, Konzentration

MATERIAL jeweils 3 × frisches Obst (Apfel, Banane, Birne usw.) und Gemüse (Karotte, Gurke, Paprika usw.), Schneidebrett, 6 Schälchen, Messer, Zahnstocher, Farbstifte, Kopiervorlage „Gesicht“

Auf Geschmacksübungen sollte man auf keinen Fall verzichten, denn sie fördern den Geschmackssinn. Hier lernen die Kinder ihre gustatorische Wahrnehmung kennen, und zwar in einem spannenden Spiel.

Schneiden Sie das Obst und Gemüse gemeinsam mit den Kindern in kleine mundgerechte Stücke und geben jedes in ein separates Schälchen.

Kommen Sie mit den Kindern zu einem Kreis zusammen und benennen jedes Obst und Gemüse. Erklären Sie den Kindern, was jetzt auf sie zukommt. Sie dürfen die Augen schließen, den Mund öffnen und bekommen dann ein Obst- oder Gemüsestückchen in den Mund. Können die Kinder erraten, was sie geschmeckt haben?

Die Teilnahme ist selbstverständlich freiwillig und die Kinder müssen nur probieren, was sie auch möchten.

Zum Abschluss besprechen Sie, wie das Schmecken funktioniert: In unserem Mund gibt es Geschmacksknospen. Sie können erkennen, wie etwas schmeckt. Das geben sie an unser Gehirn weiter.

Wenn wir etwas Neues probieren und den Namen dazu hören, dann speichert unser Gehirn dies ab und erinnert sich beim nächsten Mal daran, wie es heißt.

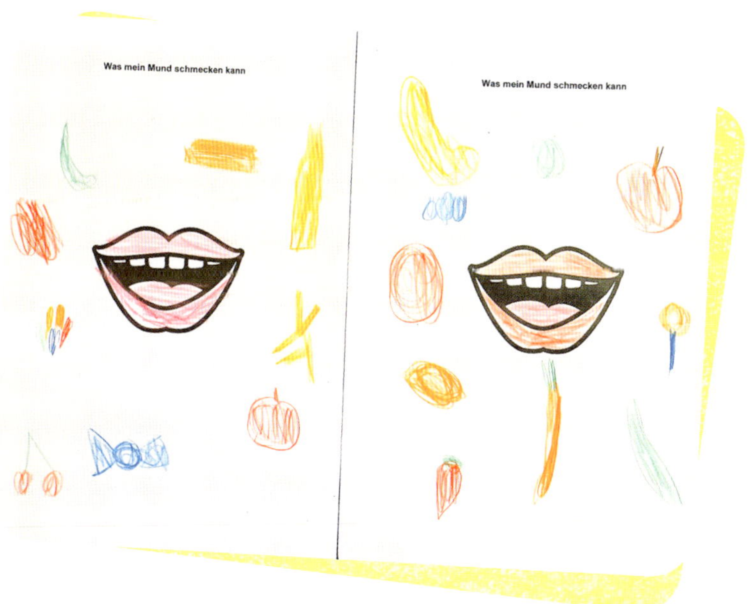

HINWEIS Klären Sie im Vorfeld Nahrungsmittelunverträglichkeiten bei den Kindern unbedingt ab.

Zum Abschluss können die Kinder passend dazu ein Portfolioblatt „Was mein Mund schmecken kann“ bearbeiten. Neben den Mund können sie z. B. aufmalen, was sie gerne essen. Hierfür können Sie den Mund aus der Kopiervorlage „Gesicht“ verwenden.

19 Die Zunge

EXPERIMENT

ALTER ab 5 Jahren

ZIELE Geschmackssinn fördern, Sachwissen

MATERIAL Wattestäbchen, Honig, Zitronensaft, Salz, Wasser, Hopfentee (alternativ Kaffee), Gläser

Die Zunge ist auch ein Sinnesorgan, denn sie ist für den Geschmack zuständig. Damit haben die Kinder schon in der letzten Idee Erfahrungen gesammelt. Die Zunge ist aber auch wichtig fürs Sprechen und sie hilft beim Schlucken. In diesem kleinen Selbstversuch finden die Kinder heraus, wie die Zunge funktioniert.

Bereiten Sie vier Geschmacksrichtungen vor. Füllen Sie in die Gläser Honig gemischt mit Wasser (süß), Zitronensaft (sauer), Salzwasser (salzig) und den Hopfentee (bitter). Alternativ können sie für die Geschmacksrichtung „bitter" auch Kaffee verwenden. Da die Kinder nur sehr wenig davon zu sich nehmen, ist es hier unbedenklich. Stellen Sie für jedes Kind ein Wattestäbchen in die Gläser, damit diese sich etwas vollsaugen.

Kommen Sie mit den Kindern an einem Tisch zusammen und lassen Sie sie ein Wattestäbchen aus dem Honigwasser nehmen und damit vorsichtig die Zunge betupfen. Fragen Sie die Kinder, welchen Geschmack sie wahrnehmen.
Das Experiment soll anschließend auch mit den drei übrigen Flüssigkeiten durchgeführt werden.

Legen Sie das Bild der Zunge vor die Kinder und erklären Sie, welche Bedeutung die Zunge hat: Die Zunge ist ein Muskel, der uns nicht nur beim Schmecken hilft.
Lassen Sie die Kinder ihre Zunge aus dem Mund strecken, alle sollen die Zunge genauer betrachten. Sie ist mit vielen Geschmacksknospen ausgestattet.
Wir brauchen die Zunge nicht nur zum Schmecken, sondern auch zum Sprechen, Schlucken und Kauen. Was macht die Zunge beim Sprechen, beim Kauen und beim Schlucken?
Die Zunge ist auch sehr empfindlich und warnt uns, falls Getränke oder Nahrung zu heiß sind. So schützt sie das Innere des Körpers vor Verletzungen.

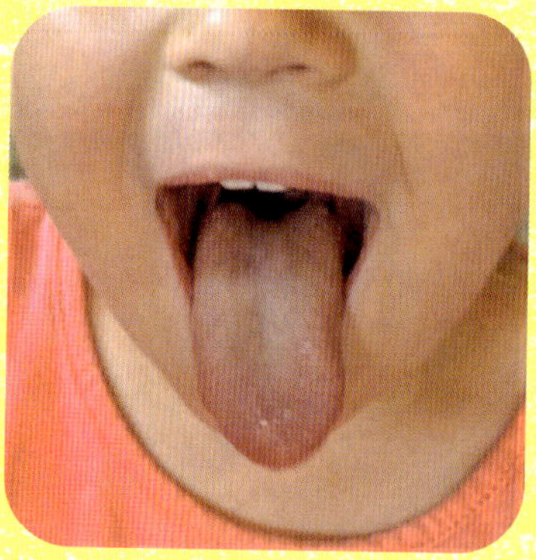

3

MEIN KÖRPERGERÜST

Warum können wir eigentlich stehen, laufen, uns verbiegen, toben und sitzen? In diesem Kapitel finden die Kinder selbst die Antwort. Mit kleinen Experimenten, Kreatívideen und Spielen nähern sie sich dem Thema „Skelett und Knochen“ an.

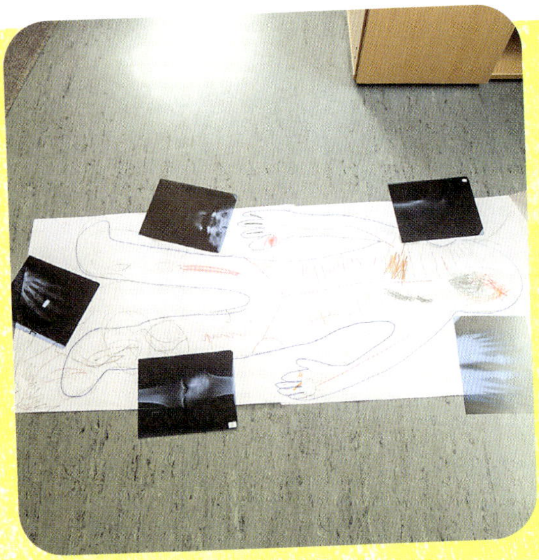

20 Unser Körper ist voller Knochen

SACHGESPRÄCH MIT KREATIVAKTION

ALTER ab 4 Jahren

ZIELE Körperwahrnehmung, Sprache, Ausdruck, Beobachtung, Sachwissen „Skelett“

MATERIAL Papierbahn (60 × 120 cm), Holzstifte, Röntgenbilder

Die Knochen sind das Gerüst, das unseren Körper stützt. Mit dieser Aktion erkunden die Kinder ihren Körper nach Knochen und finden durch Tasten selbst heraus, wo sie sind und wie sie aussehen.

Besorgen Sie Röntgenbilder vom menschlichen Körper oder drucken Sie sie aus dem Internet aus.
Rollen Sie die Papierbahn aus und malen Sie die Umrisse des menschlichen Körpers auf.

Kommen Sie mit den Kindern zu einem Sitzkreis zusammen. Fragen Sie die Kinder, ob sie das Wort „Knochen“ kennen und wo sich diese im menschlichen Körper befinden.
Danach dürfen sich die Kinder selbst von Kopf bis Fuß vorsichtig abtasten. Folgende Fragen können Sie dabei stellen:

- Wie fühlen sich Knochen an?
- Welche beziehungsweise wo können wir Knochen spüren?
- Gibt es große und kleine Knochen?
- Finden wir auch lange oder dicke Knochen?

Geben Sie den Kindern Tipps, wo sie tasten sollen, damit sie die Knochen finden. So z. B. an den Rippen. Auf jeder Seite sind zwölf Stück – man kann sie ertasten und zählen.
Legen Sie die Papierbahn mit dem Umriss in die Mitte. Nacheinander sollen die Kinder ein Skelett beziehungsweise die Knochen in den Umriss zeichnen. Bevor sie einen Knochen aufmalen, sollen sie diesen an ihrem Körper zeigen. Sind viele Knochen „gefunden", holen Sie die Röntgenbilder hinzu. Erläutern Sie, um welche Bilder es sich handelt und wie diese gemacht werden. Die Kinder können die Röntgenbilder mit dem aufgezeichneten Skelett vergleichen. Auch dazu können die Kinder wieder ihren Körper abtasten und feststellen, ob sie die Knochen, die das Röntgenbild zeigt, spüren. Erklären Sie zum Schluss, dass die Knochen ein Gerüst bilden und zusammenhalten. Sie geben unserem Körper die Form und machen ihn stabil.

Variation

Anstelle der Röntgenbilder können Sie auch das Bild eines menschlichen Skeletts verwenden, sofern es die Kinder nicht verängstigt.

21 Das Skelett

KREATIVAKTION

ALTER ab 4 Jahren

ZIELE Feinmotorik, Kreativität, Fantasie

MATERIAL Kopiervorlage „Skelett", acht Pappteller, Tonkarton in Weiß, Schere, Faden, schwarzer Stift

Schnell mal ein Skelett als Anschauungsmaterial gestalten: Das ist gar nicht so einfach? Doch: Mit diesem Trick bekommen es die Kinder spielend leicht hin.

Übertragen Sie, wie auf der Kopiervorlage vorgegeben, alle Striche auf die Pappteller und schneiden Sie diese zu. Durch die runde Form der Teller sparen Sie viel Malarbeit und können schnell zum Ausschneiden kommen. Zeichnen Sie dann einfach noch zwei Hände und zwei Füße auf weißen Tonkarton und schneiden auch diese mit den Kindern aus.
Mit einem Faden werden alle Einzelteile verbunden und ein großes Skelett entsteht.
Das Skelett kann an der Wand oder auch frei im Raum aufgehängt werden.

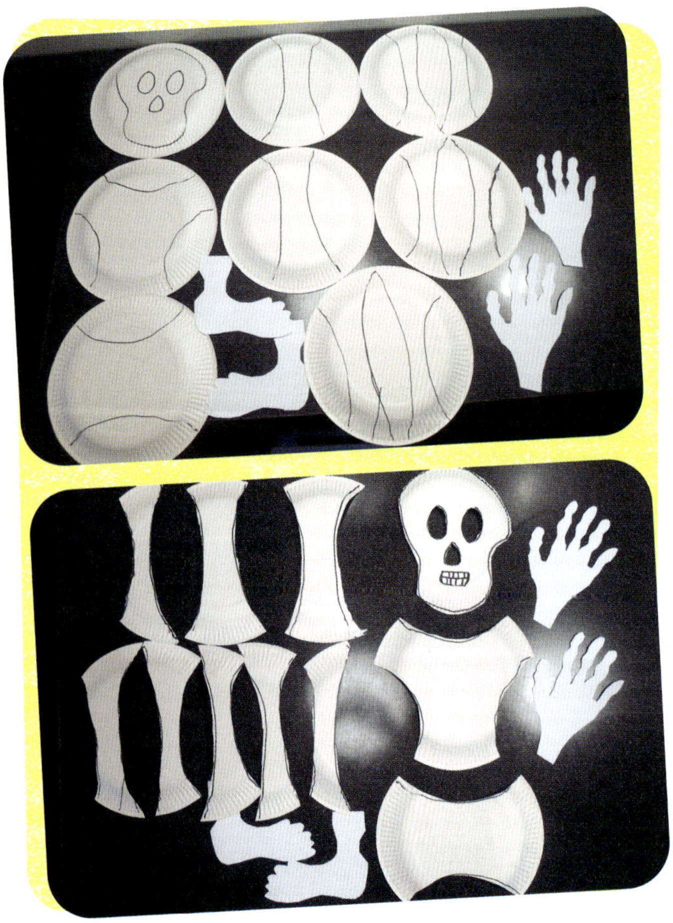

22 Wattestäbchen-Skelett

KREATIVAKTION

ALTER ab 5 Jahren

ZIELE Feinmotorik, Fantasie, Kreativität

MATERIAL Kopiervorlage „Schädel", Wattestäbchen, Schere, Kleber, Tonkarton in Schwarz (DIN A4)

Skelette sind gruselig? Keine Spur! Wir alle bestehen aus diesen Knochen. Wenn die Kinder das Thema interessiert, können sie mit Wattestäbchen noch mehr Skelett-Bilder gestalten.

Kopieren Sie die Vorlage vom Schädel, die Kinder schneiden sie aus. Den Schädel können die Kinder einfach auf den Tonkarton kleben. Jetzt legen die Kinder zuerst mit den Wattestäbchen das Knochengerippe ihres Skelettmannes/ihrer Skelettfrau. Unterstützen Sie, wenn nötig, beim Zuschneiden der Wattestäbchen. Sie können auch schon im Vorfeld Ohrenstäbchen zuschneiden. Dann alles sortiert in drei Schälchen geben. So haben die Kinder von Anfang an eine größere Auswahl an Möglichkeiten. Sind die Kinder mit ihrem Legeergebnis zufrieden, kleben sie die Ohrenstäbchen auf dem Blatt fest.

23 Unsere Gelenke

SACHGESPRÄCH MIT BEWEGUNG

ALTER ab 3 Jahren

ZIELE Sachwissen, Grobmotorik, Körperbewusstsein

MATERIAL zwei Küchenrollen, Kleber, Schere, Tischtennisball, alternativ Styroporkugel (ca. 3 cm Durchmesser), Feinstrumpfhose

Damit wir uns bewegen können, gibt es in unserem Körper Gelenke. Gelenke sind spannend. Abgeguckt an unserem Körper kommen sie künstlich nachgebildet nämlich auch in der Mechanik zum Einsatz.

Befestigen Sie an einer Küchenrolle mit Kleber den Tischtennisball. Er sollte etwa zur Hälfte aus der Rolle herausschauen. An der zweiten Rolle müssen sie nichts machen.

Kommen Sie mit den Kindern zusammen und sprechen über die Knochen und darüber, wie man seine Arme und Beine bewegt. Erklären Sie ihnen, dass nicht die Knochen beweglich sind, sondern die Gelenke in unserem Körper dafür sorgen, dass wir uns so gut bewegen können. Fragen Sie bei den Kindern nach, ob sie sich unter den Gelenken etwas vorstellen können und vielleicht bereits wissen, wo Gelenke zu finden sind. Die Kinder können dies an ihrem Körper zeigen.
Erzählen Sie den Kindern, dass das Kugelgelenk besonders beweglich ist. Solch ein Gelenk hat der Mensch in der Hüfte und auch in der Schulter. Lassen Sie die Kinder selbst ausprobieren, wie beweglich ihre Hüfte oder die Schultern sind. Zur besseren Vorstellung holen Sie die beiden Küchenrollen hervor und halten Sie die beiden an der Kugel aneinander. Jetzt lässt sich das „Gelenk“ in alle Richtungen bewegen.
Die anderen Gelenke funktionieren etwas anders. Lassen Sie die Kinder dennoch anhand des Modells ausprobieren, wie sich das Knie, der Ellenbogen, die Finger oder der Kopf bewegen könnten. Natürlich sehen die Gelenke in Wirklichkeit nicht so aus wie die Küchenrollen, son-

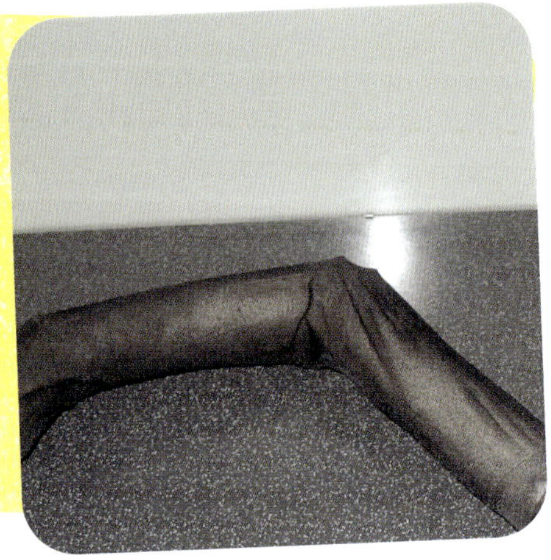

Die Gelenke

In unserem Körper gibt es eine Reihe von Gelenken, ohne die wir uns nicht bewegen könnten. Denn unsere Knochen sind starr. Dort, wo Knochen aufeinandertreffen, werden sie mit Gelenken verbunden. Nur das Zusammenspiel von Knochen, Gelenken und Muskeln sorgt dafür, dass Bewegungen fließend und problemlos ablaufen können.
Es gibt verschiedene Gelenkarten: Das *Scharniergelenk* hilft, Ellbogen und Knie zu bewegen. Scharniergelenke ermöglichen nur eine Vor- und Zurückbewegung in eine Richtung. *Drehgelenke* ermöglichen dagegen Drehbewegungen im Kreis oder in einem Halbkreis. Unser Kopf sitzt beispielsweise auf einem solchen Drehgelenk. Durch *Kugelgelenke* können wir Gliedmaßen in alle Richtungen bewegen: Schulter und Hüfte sind dafür Beispiele.

dern diese sollen nur zeigen, wie beweglich unsere Gelenke sind. Sie können Bilder hinzuziehen, die die realen Gelenke zeigen.

Damit die Kinder weiter damit spielen können, machen Sie die Konstruktion haltbar. Schneiden Sie von einer Feinstrumpfhose ein Bein ab und ziehen Sie dies über die zusammengefügten Rollen. Nun noch an beiden Seiten einen Knoten machen, sodass das „Gelenk“ nicht auseinanderrutscht.

24 Die Gliederpuppe

SPIELAKTION

ALTER ab 3 Jahren

ZIELE Aufmerksamkeit, Spielfreude, Motorik, Sprache, Ausdruck

MATERIAL Gliederpuppe

Mit einer Gliederpuppe können die Kinder nicht nur Skelett, Knochen, Proportionen und Gelenke in unserem Körper kennenlernen. Hier gestalten Sie damit ein lustiges Bewegungsspiel.

Laden Sie die Kinder zu einem Sitzkreis ein und stellen die Gliederpuppe in die Mitte. Die Kinder können die Puppe betrachten und beschreiben, geben Sie die Puppe im Kreis herum, sodass jeder diese einmal anfassen und auch bewegen kann. Was kann man bei der Puppe wo bewegen?
Danach beginnt die eigentliche Spielaktion: Ein Kind darf die Puppe verändern und die anderen Kinder versuchen sich so hinzustellen wie die Puppe. So kann die Puppe beide Arme nach

oben strecken und die Kinder stellen es nach. Lustig wird es, wenn keiner die Position der Puppe nachstellen kann.
Spielen Sie mit den Kindern so lange, wie sie mit Begeisterung bei der Sache sind.

TIPP Sie können einfache Bildkärtchen mit verschiedenen Positionen der Puppe malen/gestalten. Danach die Puppe und die Kärtchen als Aktionstablett für die Kinder bereitstellen.

25 Eine starke Abenteuerreise

BEWEGUNGSAKTION

ALTER ab 4 Jahren

ZIELE Sachwissen, Körperwahrnehmung, Grobmotorik

MATERIAL Kasten, Matten, Langbank, Teppichfliesen, Springseile

Ohne unsere Muskeln könnten wir keine einzige Bewegung mit unserem Körper machen. Ein Mensch hat sogar über 600 Muskeln. In diesem kleinen Selbstversuch entdecken die Kinder die Muskeln in ihrem Körper und lernen etwas über ihre Funktion. Mit einer Turnreise trainieren Sie anschließend diese Muskelkraft.

Die folgenden Übungen an den Stationen können alle nacheinander ausgeführt werden. Gleichzeitig sind sie veränderbar, so können auch Stationen weggelassen oder ergänzt werden. Achten Sie immer darauf, die Kinder nicht zu überfordern, und vergessen Sie nie, dass Spaß an der Sache die beste Motivation zum Weitermachen ist. Die Muskeltrainingsübungen auf dieser und der nächsten Seite können Sie aus diesem Grund in eine spannende Abenteuerreise verpacken. Vielleicht sind die Kinder ein Forschungsteam in einem Dschungel, Schatzsucher in einer einsamen Wüste oder Wichtel in einem Märchenwald? Möchten sich die Kinder dazu vielleicht eine Geschichte überlegen?

Bereiten Sie im Vorfeld folgende Stationen vor: Stellen Sie einen Kasten mit einer Weichbodenmatte auf. Drehen Sie eine Langbank um, sodass die schmale Seite oben ist. Sie wird während den Übungen auch umgedreht. Legen Sie mindestens fünf Teppichfliesen im Raum aus, bauen Sie den Kriechtunnel auf (alternativ krabbeln die Kinder unter der Bank durch).

Kommen Sie mit den Kindern im Bewegungsraum zusammen und stellen Sie sich mit in einen Kreis und machen gemeinsam verschiedene Bewegungen zum Aufwärmen, z. B. den Arm heben, das Knie beugen oder sich bücken.
Erzählen Sie den Kindern nun, dass ihr Gehirn den Befehl gegeben hat, sich zu bewegen. Doch wer hat geholfen, diese Bewegung auszuführen? – Es waren unsere Muskeln.
Die Kinder tasten sich ab und versuchen Muskeln zu fühlen. Dabei können sie z. B. die Hände an die Wangen halten und Grimassen schneiden.
Um die Funktionsweise der Muskeln mit den eigenen Fingern zu spüren, kann ein Kind beispielsweise einen Arm strecken und beugen. Ein anderes Kind legt nun die Hand auf den Oberarm und beschreibt, was es fühlt. Die Kinder stellen fest, dass sich unter ihren Fingern etwas bewegt.

Geben Sie an die Kinder weiter, dass Sie jetzt Ihre Muskelkraft noch ein wenig mit einer spannenden Abenteuerreise trainieren werden.

Beschreibung der Abenteuerstationen

1. Der Sprung in eine tiefe Schlucht
Die Kinder klettern auf einen Kasten und absolvieren den Sprung, indem sie in die tiefe Schlucht/auf die Weichbodenmatte springen.

2. Der schmale Pfad
Die Kinder balancieren über die umgedrehte Langbank.

3. Den Berg hinauf
Die Kinder legen sich auf die Langbank und ziehen sich mit ihren Armen über die Bank.

Die Muskeln

Der Mensch hat mehr als 650 Muskeln, die dem Körper seine Beweglichkeit verleihen. Jeder Muskel besteht aus Bündeln von Muskelfasern, die erst durch die Zusammenarbeit den Muskel bewegen. Für jede Bewegung braucht es zwei Muskeln – also sozusagen immer einen Gegenspieler. Jeder Beuger erfordert einen Strecker und umgekehrt.
Die größten Muskeln im Körper sind der große Rückenmuskel *(Musculus latissimus dorsi)* sowie der große Gesäßmuskel *(Musculus gluteus maximus)*. Der stärkste Muskel ist der Kaumuskel *(Musculus masseter)*.

4. Den Berg hinab
Die Kinder legen sich auf den Boden und rollen seitwärts über den Boden – und entsprechend einen Fantasie-Berg hinab.

5. Heiße Steine
Die Kinder hüpfen über die ausgelegten Teppichfliesen. Wer kann das auch mit geschlossenen Beinen?

6. Durch die Höhle
Die Kinder krabbeln durch einen Kriechtunnel.

7. Sprung über das Wasser
Die Kinder nehmen Anlauf und springen über ein Hindernis (z. B. Langbank).

8. Bootsfahrt oder Autofahrt
Ein Kind setzt sich auf eine umgedrehte Teppichfliese und hält ein Springseil in der Mitte fest.
Zwei Kinder nehmen die Enden des Seils und ziehen das Kind durch den Raum.

9. Tief hängende Äste
Die Kinder gehen in die Hocke und „laufen" so durch den Raum.

10. Sammeln von Mitbringseln
Die Kinder laufen durch den Raum und bücken sich, um einen Fantasiegegenstand aufzuheben. Das Ganze soll wie eine Art Kniebeugen gestaltet sein.

4

MEIN

INNERES

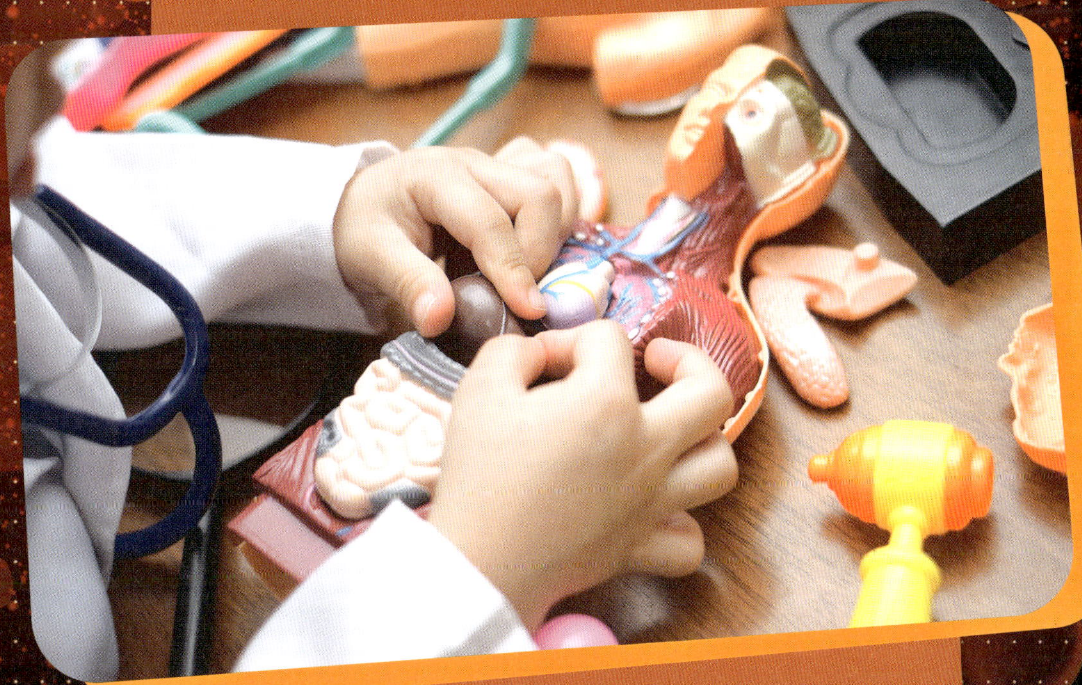

Die Kinder haben herausgefunden, wie ihr Körper von außen aussieht und was Muskeln, Gelenke und Knochen sind. Aber es gibt in unserem Körper noch mehr zu entdecken. Organe und Blutbahnen sorgen dafür, dass alles richtig läuft und wir uns wohlfühlen.

26 Das Stethoskop

SACHGESPRÄCH MIT KREATIVIDEE

ALTER ab 3 Jahren

ZIELE Sachwissen, Konzentration, Sprache

MATERIAL Stethoskop, DIN-A4-Blatt, Wolle, Haarreif, Schere, Kleber, Dosendeckel ca. 4–5 cm

Wie können wir hören, was in unserem Körper passiert? Seit etwa 200 Jahren wird dazu ein Stethoskop verwendet. Einfachere Modelle können Sie im Kitabedarf schon recht günstig erwerben. Hier gestalten sich die Kinder mit wenigen Materialien eigene „Stethoskope".

Kommen Sie mit den Kindern zu einem Sitzkreis zusammen und bringen Sie das Stethoskop mit. Die meisten Kinder werden wissen, wozu Mediziner*innen es verwenden, und einige kennen vielleicht auch schon den Namen. Geben Sie in einigen Sätzen wieder, wie und warum es erfunden wurde.

In einem Krankenhaus arbeitete vor langer Zeit (1816) ein Arzt. Es gab das Stethoskop noch nicht und so legte der Arzt sein Ohr auf die Brust der Patienten, um Lunge oder Herzschlag abzuhören.

Probieren Sie mit den Kindern diese Methode aus.

Doch nicht bei allen Patient*innen konnte der Arzt das gut hören. So hatte er die Idee, ein Blatt Papier zu einem Rohr zusammenzurollen. Das setzte er auf die Brust seiner Patient*innen. Jetzt konnte er den Herzschlag besser hören.

Rollen Sie das Blatt Papier und die Kinder ziehen einen Vergleich, ob man den Herzschlag wirklich besser hören kann.

Das erste Stethoskop war entstanden.

Schauen Sie sich mit den Kindern das Stethoskop genau an. Können die Kinder es beschreiben? Es besteht aus drei Teilen: am *Bruststück* befindet sich eine *Membran*, eine Art Häutchen, das durch Geräusche in Schwingung versetzt wird. Dadurch verstärkt es die Geräusche.

Diese verstärkten Geräusche werden durch den *Schlauch* weitergeleitet und gelangen über die *Ohrbügel* zum Ohr. Möchten die Kinder auch einmal ausprobieren, wie sich der Herzschlag durch das Stethoskop anhört? Vorsicht: Achten Sie darauf, dass die Kinder nicht in das Bruststück schreien, während ein Kind das Stethoskop aufgesetzt hat!

Ihre Kinder möchten gern eigene Stethoskope? Gestalten Sie mit den Kindern Stethoskope zum Spielen. Flechten Sie hierfür gemeinsam aus Wolle eine ca. 40 cm lange Kordel. Diese an der Mitte eines Haarreifes befestigen. In den Dosendeckel am Rand ein Loch bohren. Dann im Deckelloch einfach ein Ende der Kordel anknoten oder ankleben. Schon kann „abgehört" werden. Die Bügel des Haarreifes können noch mit Wolle oder etwas Stoff umwickelt werden, um sie angenehmer zum Tragen zu machen.

27 Was pocht denn da?

SACHGESPRÄCH MIT EXPERIMENT

ALTER ab 4 Jahren

ZIELE Selbstwahrnehmung, Sachwissen, Sprache

MATERIAL Malblätter, Farbstifte, Stethoskop, Matten oder Sitzkissen

Das Herz ist in unserem Körper immer in Bewegung. Manchmal können wir es schlagen hören, beispielsweise wenn wir gerannt oder aufgeregt sind. Oder wenn wir ganz genau hinhören, wie bei dieser Idee.

Machen Sie es sich mit den Kindern in der Kuschelecke oder auf dem Boden gemütlich. Ob die Kinder ihr Herz schlagen hören oder spüren können? Das können die Kinder selbst aus-

probieren, indem sie sich einfach auf den Rücken legen, in sich hineinhören oder die Hand auf die linke Brustseite legen. Manche Kinder können nun vielleicht ihr Herz schlagen hören oder spüren, falls es im Raum leise genug ist. Die Kinder können auch zwei Runden im Raum herumlaufen und sich dann schnell wieder hinlegen und in sich hineinhorchen. Jetzt können sie ihr Herz bestimmt schlagen hören.
Fragen Sie die Kinder: „Was macht das Herz in unserem Körper?" Es schlägt und pocht, werden die Kinder vielleicht antworten – und das Geräusch oder den Rhythmus vormachen. Und das ist auch richtig. Das Herz ist ein Muskel, der das Blut in unserem Körper in Bewegung hält. Der Herzmuskel zieht sich dazu zusammen und lässt wieder locker, wie es die Kinder beim Thema „Muskeln" schon herausgefunden haben. Durch diese Bewegung wird das Blut durch den ganzen Körper gepumpt. Sein Schlagen und das Blut können wir auch noch an anderen Stellen an unserem Körper spüren. Dazu können sich die Kinder an den Hals und an das Handgelenk fassen, um den Herzschlag zu fühlen.
Das Blut fließt durch den Körper, einmal rund und wieder zurück zum Herzen und dann wieder rund und rund. Das nennt man Kreislauf.
Holen Sie das Stethoskop hinzu und die Kinder dürfen sich gegenseitig abhören. Wie hört sich das Klopfen an? Die Kinder dürfen den Rhythmus nachmachen, beispielsweise mit der Hand, mit der Stimme oder mit einer Trommel. Wann schlägt das Herz schneller? Die Kinder hüpfen einige Male schnell auf und ab – und hören wieder in sich hinein. Ist der Herzschlag jetzt schneller? Die Kinder können feststellen, dass der Herzschlag jetzt nicht nur schneller ist, sondern auch lauter und besser spürbar durch Berührung.

TIPP Die Kinder können ihre eigene Vorstellung vom Herzen in ihrer Brust malen. Zeigen Sie anschließend eine Grafik des Herzens, damit die Kinder erkennen, wie ihr Herz in der Brust tatsächlich aussieht.
Organe mehr Sauerstoff und das Herz arbeitet mehr bzw. der Herzschlag erhöht sich.

28 Mein Blut

SACHGESPRÄCH

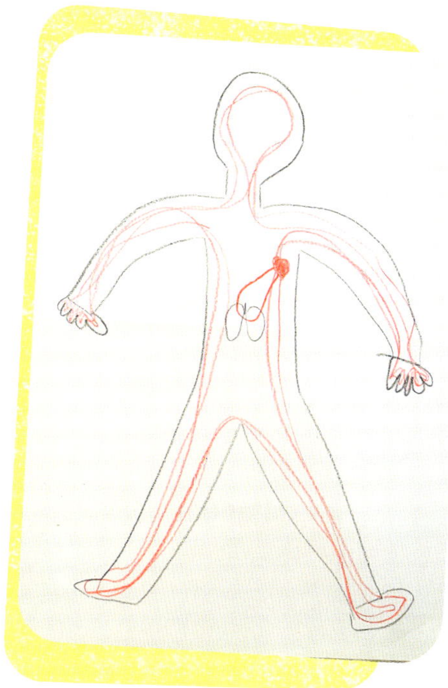

ALTER ab 4 Jahren

ZIELE Sachwissen, Sprachverständnis, Konzentration, Aufmerksamkeit

MATERIAL DIN-A3-Blatt, Farbstifte

Mit einer kleinen Reise durch den Körper und einer Zeichnung führen sich die Kinder hier noch einmal vor Augen, dass Blut in unserem Körper zirkuliert – und dabei eine Transportfunktion hat.

Zeichnen Sie die Umrisse eines Menschen auf das DIN-A3-Blatt. Fragen Sie die Kinder im Sitzkreis, ob sie es spüren können, wenn ihr Herz schlägt. Bestimmt erinnern sich die Kinder noch aus der letzten Idee daran, dass sie die Hand links etwa in Brusthöhe auf ihren Körper legen können. Die Kinder wissen dann auch schon, dass das Herz das Blut durch unseren Körper pumpt. Kann man das von außen sehen? Haben die Kinder Ideen, wie oder wo man es sehen könnte?
Das Blut fließt durch Adern oder Blutbahnen – und manche von ihnen kann man auch von außen sehen. Finden die Kinder eine Stelle, an der das möglich ist (Handrücken, Fußknöchel, Handgelenk, Halsschlagader …)?
Legen Sie nun das Malblatt mit der Abbildung des Körperumrisses vor die Kinder. Malen Sie oder eines der Kinder ein Herz an die richtige Stelle. Wenn wir atmen, kommt Sauerstoff in unsere Lunge. Dieser Sauerstoff geht in unser Blut über. Der Sauerstoff im Blut wird vom Herzen überall in unserem Körper verteilt.
Nehmen Sie einen roten Stift und beginnen mit einer Reise durch den Körper. Beziehen Sie die Kinder mit ein, wohin das Blut überall fließt, und fahren Sie mit dem Stift durch alle Körperteile. Achten Sie darauf, dass Sie den Stift nicht absetzen, damit ein Kreislauf entsteht. Dann kommt das Blut wieder zurück zum Herzen und wird mit neuem Sauerstoff aufgefüllt und geht erneut auf die Reise. Auf diese Weise gelangt das Blut überallhin, in alle Organe, es reist durch unseren ganzen Körper. Warum ist das wohl wichtig? Weil das Blut Sauerstoff und Nährstoffe dorthin transportiert. Und: Während es uns mit allem Wichtigen versorgt, nimmt es auch verbrauchte Sachen, also Abfallprodukte, mit.

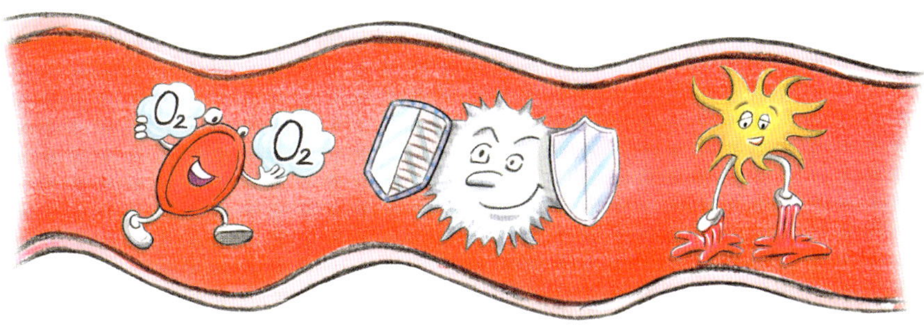

29 Blut als Gesundheitspolizei

EXPERIMENT

ALTER ab 4 Jahren

ZIELE Experimentieren, Beobachten, Sachwissen

MATERIAL Moosgummi, rote Kerze, kleiner Topf, Messer, kleines Glasschälchen, Pflaster

In diesem spannenden Experiment finden die Kinder heraus, warum es wichtig ist, dass man blutet, wenn man sich verletzt hat – und was dabei passiert. Sie helfen dabei mit rotem Kerzenwachs.

Bevor Sie Ihr Experiment starten, schneiden Sie in der Größe des Glases aus dem Moosgummi einen Kreis aus. Dieser Kreis sollte genau in das Glas hineinpassen. Schneiden Sie in der Mitte des Moosgummis eine kleine ovale Öffnung als „Wunde" ein.

Nun zerkleinern Sie die Kerze mit dem Messer, nehmen den Docht weg und geben die Stücke in den Topf. Bei mittlerer Hitze können Sie das Wachs langsam schmelzen lassen.
Kleben Sie sich ein Pflaster um einen Finger oder auf den Handrücken.

Die Kinder setzen sich im Kreis um einen Tisch. Zeigen Sie den Kindern das Pflaster. Sofort werden die Kinder fragen, ob Sie sich verletzt haben. Sicherlich haben die Kinder auch schon Verletzungen gehabt, die geblutet haben. Wer hat sich mal das Knie oder den Ellenbogen aufgeschrammt oder auch schon mal an etwas geschnitten? Wie war das? Was ist passiert? Hat es irgendwann aufgehört zu bluten?
Jetzt können Sie das Glas mit dem flüssigen Wachs als „Blut" füllen. Auf das Wachs legen Sie das Moosgummi, das die Haut darstellt. Drücken Sie nun vorsichtig auf die „Haut", läuft „Blut" aus der Wunde.

TIPP Verwenden Sie Moosgummi in einer hellen Farbe (anders als auf dem Foto zu sehen!). Dann können die Kinder das rote „Blut" besser erkennen!

Einen kurzen Augenblick warten Sie ab, dann wird das Wachs hart. Wenn das Wachs hart geworden ist, kann kein weiteres Wachs/Blut von unten mehr austreten.
So ähnlich passiert es auch in unserem Körper. Das Blut hilft, die Wunde zu säubern. Mit dem Blut wird auch ein wenig Schmutz aus der Wunde gespült. Das ersetzt jedoch nicht die Reinigung einer Wunde, da immer noch Partikel und vor allem auch Bakterien in der Wunde sitzen können. Nach einer Weile wird das Blut fest, es bildet eine Kruste und verschließt dadurch unsere Wunde. Somit kann kein weiterer Schmutz mehr eindringen und die Blutung hört auf. Also eine richtige Gesundheitspolizei, dieses Blut.

TIPP Manche Wunden sind zu groß. Sie können sich von allein nicht säubern und verschließen und auch ein Pflaster ist dann zu klein. Mit solchen Wunden müssen wir unbedingt ins Krankenhaus oder in eine ärztliche Praxis gehen.

30 Ich atme

SACHGESPRÄCH MIT KREATIVAKTION

ALTER ab 4 Jahren

ZIELE Sachwissen, Sprache, Feinmotorik

MATERIAL Kopiervorlage „Lunge", Farbstifte, zwei knickbare Trinkhalme, Klebefilm, Schere, Kleber, zwei kleine Plastikbeutel (Frühstücksbeutel), Tonkarton, Malblätter

Wie unser Herz arbeitet auch die Lunge 24/7. Möchten sich Ihre Kinder eigene Lungen gestalten? In dieser tollen Idee erfahren die Kinder am selbst hergestellten Modell, wie ihre Lunge funktioniert.

Die Lunge können wir zwar nicht von außen sehen, aber wir können sie spüren: Wenn die Kinder ganz tief einatmen, hebt sich nämlich der Brustkorb etwas an, während der Bauch sich einzieht. Das macht die Lunge, die sich jetzt mit Luft füllt. Haben die Kinder Lust, sich eine eigene Lunge herzustellen, die man ebenfalls aufpusten kann?

Aus hygienischen Gründen sollte sich nach Möglichkeit jedes Kind seine eigene Lunge basteln dürfen, kopieren Sie daher die Vorlage in ausreichender Anzahl. Jedes Kind bemalt die Lunge haut- bzw. fleischfarben, anschließend einfach auf Tonkarton aufkleben und ausschneiden.
Die beiden Trinkhalme können die Kinder zunächst mit Klebefilm miteinander verbinden. Die kurzen Seiten umbiegen und an jedem Ende einen Plastikbeutel überstülpen und mit dem Klebefilm möglichst luftdicht befestigen und abdichten. Jetzt müssen die Kinder einfach nur noch die Lungenbeutel und Trinkhalme auf das Lungenbild kleben.

Finden Sie sich mit den Kindern in einem Sitzkreis ein. Jedes Kind bringt sein Lungenmodell dazu mit. Erklären Sie den Kindern das Modell, also dass dieses unsere Lunge darstellt.
Wenn die Kinder nun vorsichtig in ihre „Lunge" pusten, sollten sich die Frühstücksbeutel füllen.
Bitten Sie die Kinder, jetzt ganz tief Luft zu holen und in den Trinkhalm zu pusten – so sehen unsere Lungenflügel aus, wenn sie richtig mit Luft gefüllt sind. Die Kinder drücken die Luft aus ihrer Lunge, denn so sieht es aus, wenn wir ausatmen.
Die Trinkhalme sind die Luftröhre, die die Luft zu der Lunge bringt. Fragen Sie nach, wo überall die Luft in uns „rein" kann. Durch Mund und Nase können wir Luft in unsere Lungen saugen.
Probieren Sie mit den Kindern die Nasenatmung und die Mundatmung aus.

Nun wissen die Kinder, wie die Atemluft in die Lunge kommt. Und was passiert dort? Das Blut holt an der Lunge den Sauerstoff aus der Atemluft ab und transportiert ihn weiter im Körper herum. Es bringt auch verbrauchten Sauerstoff wieder hin, den wir dann ausatmen.
Zum Schluss können die Kinder noch eine Nase und einen Mund malen. Beides ausschneiden und auf die Trinkhalme kleben.

31 Was passiert mit meiner Nahrung?

SACHGESPRÄCH

ALTER ab 3 Jahren

ZIELE Sachwissen zur Verdauung, Sprache

MATERIAL eine Scheibe Brot, DIN-A3-Blatt, Filzstift, Wolle, Maßband

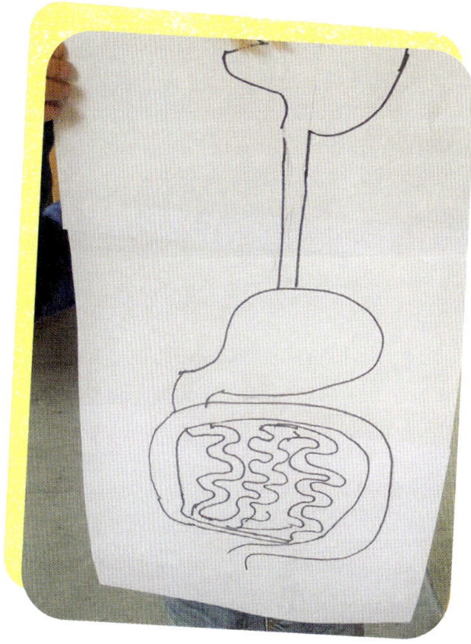

Wenn unser Körper durchsichtig wäre, könnten wir genau erkennen, was mit der Nahrung passiert, die wir zu uns nehmen. In diesem kleinen Versuch könnte das fast klappen.

Essen Sie gemeinsam mit den Kindern im Sitzkreis etwas Brot. Anschließend überlegen Sie mit den Kindern: Wo ist das Brot jetzt und was passiert im Körper mit dem Brot? Haben die Kinder eine Idee? Können sie vielleicht den Weg zeigen, den das Brot in ihrem Körper zurücklegt? Wer möchte sich als Model in die Mitte legen? Legen Sie ein DIN-A3-Blatt so auf das Kind, dass es vom Mund bis zum Beginn der Beine bedeckt ist. Können Sie oder ein anderes Kind den Weg aufmalen, den das Brot nimmt?

Malen Sie zunächst einen offenen Mund auf das Blatt – oder ein Kind malt den Mund auf.
Hier beginnt der Weg des Brotes durch DEN Körper. Mit den Zähnen zerkleinern wir es und mit dem Speichel machen wir es weich. Beim Schlucken, rutscht es in die Speiseröhre.

Malen Sie eine etwa 2 cm breite Röhre bis etwa zur Mitte des Rumpfes.
Die Speiseröhre schiebt das Brot bis zum Magen.

Malen Sie unterhalb der Speiseröhre den Magen, etwa in Ellipsenform.
Im Magen wird der Brei aus der Speiseröhre mit Magensaft vermischt. Dann rutscht alles weiter in den Dünndarm.

Malen Sie wie auf dem Foto zu sehen Wellenlinien für den Dünndarm.
Im Dünndarm holt sich der Körper aus dem Brei, was er braucht, wie Vitamine und Nährstoffe. Durch die Wand des Dünndarms (ca. 4 Meter lang) gelangen diese ins Blut. Dann geht der Rest vom Brot in den Dickdarm (ca. 1, 5 Meter lang).

Malen Sie einen ca. 3 cm breiten „Schlauch" um den Dünndarm, der unten mittig endet.
Der Dickdarm entzieht das Wasser aus dem restlichen Brot und dieser Rest verlässt unseren Körper jetzt wieder. Lassen Sie die Kinder die Frage beantworten, als was das Brot aus dem Körper kommt, und erwähnen Sie, dass es etwa einen Tag und eine Nacht dauert, bis das Brot jetzt wieder den Körper verlässt.

32 Ich muss Pipi

EXPERIMENT

ALTER ab 4 Jahren

ZIELE Körperbewusstsein, Körperwahrnehmung, Sachwissen, Beobachtung

MATERIAL Luftballon, Trichter, Messbecher 1 Liter, Wasser, Trinkbecher, Mineralwasser/stilles Wasser

Woher wissen wir eigentlich, dass wir Pipi müssen? In der Regel meldet ein Organ namens Harnblase das ans Gehirn. In unserem Versuch machen die Kinder das mit einem Luftballon anschaulich.

Füllen Sie den Messbecher mit Leitungswasser und stellen Sie für jedes Kind einen Trinkbecher bereit.

Im Sitzkreis kann sich jedes Kind etwas Wasser einschenken und trinken. Füllen Sie mithilfe des Trichters auch in den Luftballon etwas Wasser. Bestimmt kommen die Kinder schon von selbst auf die Idee, zu fragen, wohin das Wasser in unserem Körper verschwindet – passend zum Weg der Nahrung aus der letzten Idee. Kommt auch wieder Wasser aus unserem Körper heraus? Wie merken wir es, wenn es so weit ist? Lassen Sie die Kinder sich dazu austauschen und ihr Wissen preisgeben. Unser Körper braucht jeden Tag Flüssigkeit. Genug zu trinken ist sehr wichtig für unseren Körper. Wie die Nahrung nimmt auch das Getränk seinen Weg durch unseren Körper: Es gluckert durch die Speiseröhre in den Magen und von dort aus in den Dünndarm und letztendlich in ein Organ namens Blase. Es heißt so, weil es sich wie eine Blase mit dem Wasser füllt, das unser Körper loswerden will oder nicht mehr braucht. Je mehr wir trinken oder, besser gesagt, je mehr Wasser unser Körper nicht braucht, desto mehr füllt sich die Blase. Lassen Sie die Kinder noch mehr trinken und den Luftballon gleichzeitig weiter mit Wasser füllen. Wenn der Messbecher leer ist, ist der Luftballon/die Blase gut gefüllt. Jetzt sagt sie uns: Ich bin voll und du musst auf die Toilette.

Anhand dieses Experiments begreifen die Kinder, dass sich die Blase ausdehnen kann, genau wie der Luftballon.

Je nachdem, wie viel die Kinder jetzt getrunken haben, kann es sein, dass einige Kinder zur Toilette müssen.

5

MEINEN KÖRPER GESUND HALTEN

Verantwortung für den eigenen Kör-
per zu übernehmen, ist nicht leicht und
fällt auch vielen Erwachsenen schwer.
Wetterangemessene Kleidung, Zahn-
und Körperpflege gehören dazu, aber
auch das Händewaschen und Besuche in
der Arztpraxis.

33 Meine Zähne

SACHWISSEN MIT KREATIVANGEBOT

ALTER ab 3 Jahren

ZIELE Sachwissen, Merkfähigkeit, Sprache, Feinmotorik

MATERIAL Kopiervorlage „Zähneputzen“, Supermarktprospekte, Farbstifte, Schere, Kleber, Fotokarton in Rot und Grün, schwarzer Filzstift, zwei Blatt Papier in DIN A4

Mit der Gestaltung von zwei Plakaten erfahren die Kinder, was gut oder schlecht für unsere Zähne ist.

Malen Sie zwei gleiche Zähne auf das weiße Papier und schneiden Sie beide aus. Einen Zahn versehen Sie mit schwarzen Flecken. Kleben Sie diesen Zahn auf den roten und den weißen Zahn auf den grünen Fotokarton. Kopieren Sie für jedes Kind zweimal die „Bakterie“ und malen den Mund, die Zahnbürste und Zahnpasta bunt an. Aus Supermarktprospekten schneiden Sie gemeinsam mit den Kindern Lebensmittel, Obst, Gemüse und Getränke aus.

Kommen Sie mit den Kindern zu einem Kreis zusammen und legen Sie die beiden Plakate in die Mitte. Die Kinder werden sofort erkennen, dass es sich um Zähne handelt und dass ein Zahn „krank“ ist. Sprechen Sie darüber, wie das passieren kann. Auch hier werden die Kinder schon Experten sein und bestimmt wissen, dass die Zähne krank werden, wenn man zu viel Süßes isst oder sie nicht richtig putzt.
Jetzt können die Kinder in Ruhe alle ausgeschnittenen Lebensmittel betrachten und sich darüber austauschen: Welche sind gut für die Zähne, welche eher nicht? Können die Kinder die Lebensmittel entsprechend sortieren? Die Lebensmittel, die den Zähnen nicht schaden,

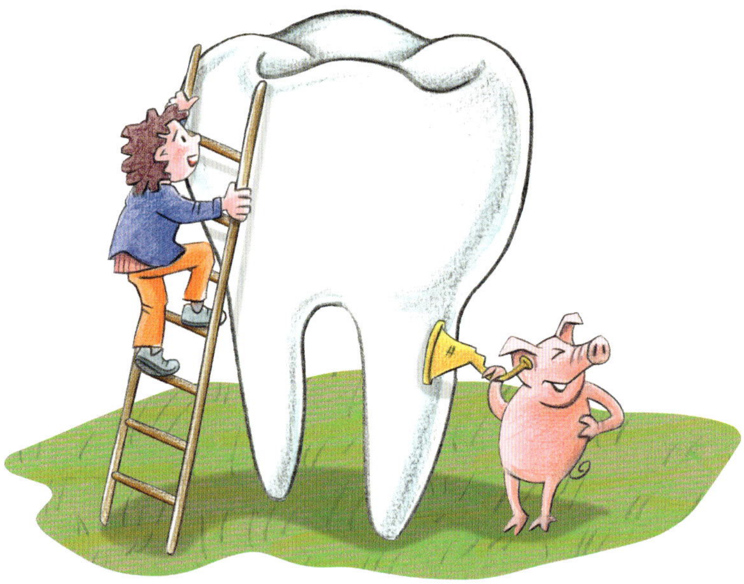

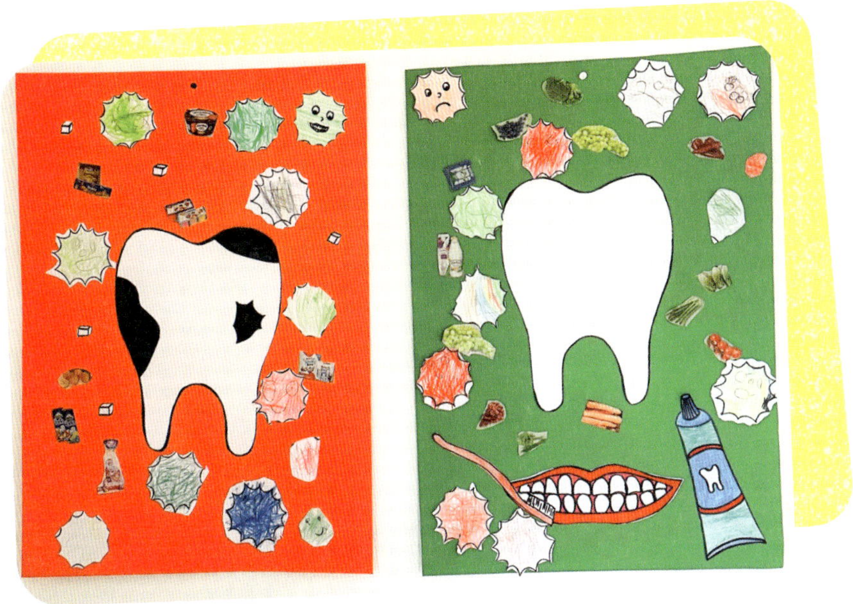

kommen auf das grüne Plakat, die Lebensmittel, die schlecht für die Zähne sind, kommen auf das rote. Hin und wieder darf man natürlich auch Süßes essen, aber nicht zu viel davon.

Wenn die Kinder noch mit Interesse bei der Sache sind, können Sie auch fragen, was genau passiert, wenn Süßes in den Mund kommt. Im Mund gibt es Bakterien, die sich über süße Lebensmittel freuen. Sie vermehren sich und können dann die Zähne angreifen. Aber es gibt etwas, das die Bakterien gar nicht mögen. Lassen Sie die Kinder zuerst Vermutungen anstellen, bevor Sie den Mund, die Zahnbürste und die Zahnpasta dazulegen. Das mögen die Bakterien nämlich nicht: Zähneputzen.
Die Kinder kleben auch die Zahnbürste und die Zahnpaste mit auf das grüne Plakat.
Wie die Bakterien wohl aussehen? Sie sind winzig klein, vielleicht sehen sie aus wie die Bakterien auf der Vorlage. Schneiden Sie für jedes Kind zwei Bakterien aus. Die Kinder können sie natürlich auch selbst ausschneiden. Die Kinder können den Bakterien nun lachende oder böse Gesichter malen und die Bakterien auch farbig anmalen. Wohin kommen wohl die lustigen Bakterien? Genau, sie kommen auf das rote Plakat, wo sie sich über die vielen süßen Sachen freuen, aber auch welche auf das grüne Plakat, da sich immer einige Bakterien im Mund befinden.

TIPP Bitten Sie die Eltern, eine Zahnbürste und Zahnpasta mitzugeben. Putzen Sie gemeinsam mit den Kindern die Zähne. Hier können Sie einen Zahnputzspruch mit den Kindern einüben, den Sie auch an die Eltern weitergeben, damit die Zahnhygiene fortgeführt wird.

Erweiterung

Schauen Sie sich mit den Kindern die Zähne an: Es gibt verschiedene Arten von Zähnen. Die Zähne vorne sehen ganz anders aus. Warum ist das wohl so? Die vorderen Zähne heißen Schneidezähne, denn mit ihnen kann man etwas abbeißen, beispielsweise von einem Apfel. Die Zähne ganz hinten haben hingegen große Kauflächen. Damit kann man abgebissene Nahrung zerkleinern und zermahlen. Die Eckzähne sind ein Relikt unserer Vorfahren. Ganz früher in der menschlichen Entwicklung konnten die ersten Menschen damit größere Stücke abreißen, ähnlich wie bei Raubtieren. Kennen die Kinder Tiere mit großen Eckzähnen (oder Vampire)?

34 Mein Körper braucht Wasser

SACHGESPRÄCH MIT EXPERIMENT

ALTER ab 4 Jahren

ZIELE Sachwissen, Körperverständnis, Sprachförderung

MATERIAL Becher, Mineralwasser, stilles Wasser, Spiegel, Plastiktüte, Gummiband, Messbecher 1 l mit Wasser

Unser Körper verliert ständig Wasser, und zwar über die Haut. Das glauben die Kinder nicht? In diesem Selbstversuch können sie es ausprobieren.

Eigentlich sollten Kinder nicht mit Plastiktüten spielen. Und erst recht sollten sie keine Körperteile hineinstecken. Das sollten Sie mit den Kindern zu Beginn dieser Aktion besprechen. Aber wenn man nur für eine kurze Zeit eine Hand in eine Plastiktüte steckt, passiert etwas Spannendes. Ob die Kinder einen Tipp abgeben, was ihrer Meinung nach passiert?
Kinder, die dazu Lust haben, können eine Hand in eine Plastiktüte stecken. Mit einem Gummiband befestigen Sie dann die Tüte locker um das Handgelenk herum. Am besten verwenden Sie durchsichtige Tüten, beispielsweise Pausenbrot- oder Gefrierbeutel.
Jetzt warten die Kinder ein bisschen ab und beobachten die Hände in den Beuteln. Die Hand wird feucht und die Tüte beschlägt, es können sogar kleine Tröpfchen entstehen. Die Tröpfchen können die Kinder an der Tütenwand beobachten. Wie fühlt sich die Hand jetzt an? Woher kommt denn das Wasser? Einerseits kommt es daher, dass unsere Hand wärmer ist als die sie umgebende Temperatur, andererseits gibt unser Körper über die Poren in der Haut ständig Feuchtigkeit ab. Wenn wir uns anstrengen oder wenn es heiß ist, passiert das ganz schnell. Diese abgegebene Feuchtigkeit heißt dann Schweiß. Sie dient dazu, die Haut zu kühlen.
Und weil unser Körper ständig Feuchtigkeit abgibt, müssen wir auch immer trinken.

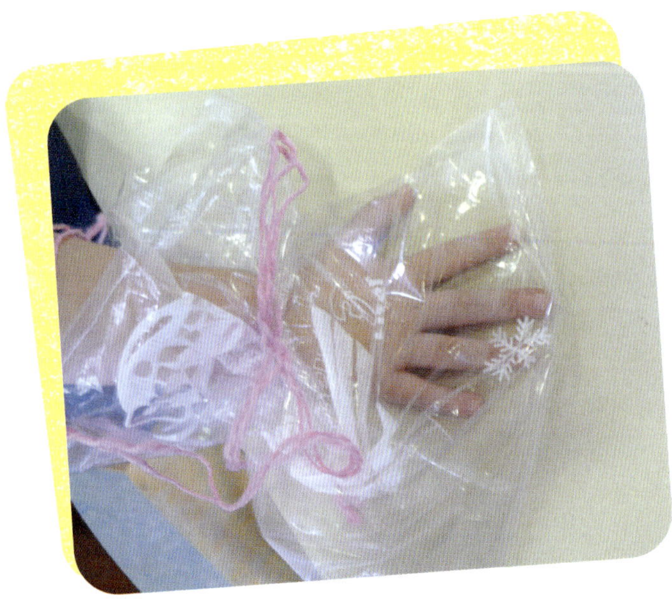

Was glauben die Kinder, wie viel man täglich trinken muss? Vielleicht stellen

Sie den Kindern Gläser, Becher, Krüge und einen Messbecher zur Verfügung. Die Kinder können damit zeigen, wie viel Flüssigkeit man ihrer Meinung nach am Tag zu sich nehmen muss. Füllen Sie einen Messbecher mit einem Liter Wasser. So viel müssen Kinder im Kindergartenalter ungefähr täglich trinken. Wie viel Gläser das wohl sind? Durch Ausschenken und Verteilen auf die Gläser können die Kinder es schnell ausrechnen. An heißen Tagen und wenn man älter wird sollte man noch mehr trinken.

35 Bakterien auf der Spur

EXPERIMENT

ALTER ab 3 Jahren

ZIELE Sachwissen, Hygiene, Beobachtung, Zusammenhänge verstehen

MATERIAL Foto von Bakterien und/oder Viren, Fingerfarbe, Wasser, Seife, Pinsel, Tasse

Viren, Bakterien und Keime sind gefährlich für uns, denn sie übertragen Krankheiten. Leider kann man sie mit bloßem Auge nicht erkennen. Oder? Bei diesem kleinen Experiment klappt das doch!

Kommen Sie mit den Kindern zu einem Kreis zusammen und geben Sie die Fotos von den Viren und Bakterien herum. Seit der COVID-19-Pandemie ist das ballonförmige Coronavirus in den Medien visuell ständig präsent. Bestimmt haben es auch die Kinder schon einmal gesehen? Mit bloßem Auge und auch mit der Lupe sind diese winzigen Lebewesen nicht zu erkennen, sondern nur mit einem Mikroskop. Viren und Bakterien können Krankheiten verursachen, es gibt aber auch gute Bakterien, die wir stets in unserem Körper haben.
Kennen die Kinder ansteckende Krankheiten? Vielleicht können die Kinder Schnupfen, Husten, Magen- und Darmerkrankungen aufzählen. Und vielleicht auch Corona oder eine Erkrankung, die gerade bei Ihnen in der Kita unterwegs ist.

Starten Sie mit den Kindern das Experiment. Niesen Sie sich spielerisch in die Hand. Jetzt sind die Schnupfenviren/-bakterien in Ihrer Hand. Damit die Kinder das auch sehen können, malen Sie sich die Hand mit roter Fingerfarbe an. Gehen Sie an die Türklinke und fassen diese an und noch andere verschiedene Gegenstände, wie eine Tasse, einen Stift …
Fragen Sie bei den Kindern, wer jetzt auch diese Sachen anfassen möchte? Das können auch mehrere Kinder sein. Jedes der Kinder hat nun Farbe an den Fingern.
Jeder, der jetzt rote Farbe an den Fingern hat, könnte auch Schnupfenviren abbekommen haben. Genau so funktioniert die Ansteckung: Wir berühren Gegenstände, die vorher andere berührt haben, die krank waren. Oder wir bekommen kleine Tröpfchen ab, wenn andere sprechen, husten oder niesen.

Richtig Hände waschen

1. Hände gut nass machen und dann das Wasser ausstellen.
2. Seife nehmen und aufschäumen.
3. Handflächen, Handrücken, Finger und Daumen aneinanderreiben, dabei zweimal bis zehn zählen.
4. Schmutz und Seifenreste unter fließendem Wasser abspülen.
5. Hände gut abtrocknen.

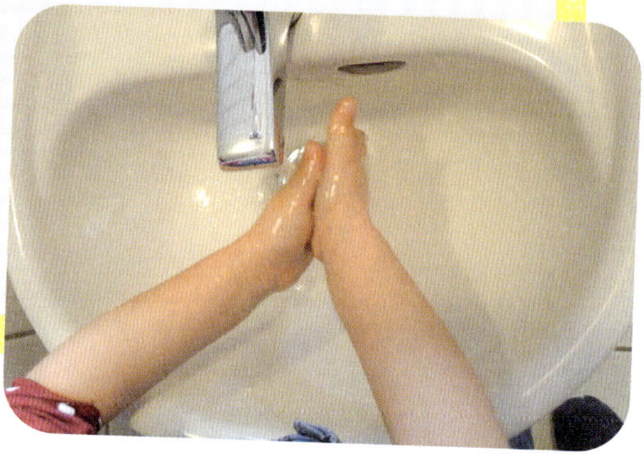

Im Anschluss können Sie mit den Kindern die Hände waschen. Die Kinder können dabei feststellen, dass die rote Farbe erst richtig gut abgeht, wenn man die Hände gut mit Wasser und mit Seife wäscht.

TIPP Gestalten Sie sich doch Ihr eigenes Händewaschplakat, indem Sie die einzelnen Schritte abfotografieren und die ausgedruckten Fotos aufkleben und beschriften! Hängen Sie Ihr Plakat im Waschraum auf!

36 Blitzeblanke Monsterfinger

GESCHICHTE

ALTER ab 3 Jahren

ZIELE Feinmotorik, Zuhören, Sprachverständnis, Wissen über Hygiene

MATERIAL Seife, Handtücher, evtl. kleine lustige Seifen für die Kinder

Das Händewaschen ist Kindern manchmal lästig und muss schnell gehen. Mit dieser Geschichte können Sie die Kinder ermuntern, richtig und mit Spaß Hände zu waschen.

Laden Sie die Kinder ein, sich die Geschichte anzuhören.

Geschichte

Ich möchte euch heute eine Geschichte vom Händewaschbeauftragten im Monsterland erzählen. Das Monster Antibaktus ist dieser Händewaschbeauftragte und wie er das geworden ist, das erzählt euch das Monster jetzt selbst:

„Ich bin das kleine Monster Antibaktus und wenn ich eines nicht mag, dann sind es schmutzige Finger. Wenn ich die sehe, dann kräuseln sich meine dunkelgrünen langen Haare. Ich bin eigentlich sehr lieb zu allen, doch wenn ich schmutzige oder klebrige Finger sehe, dann krieg ich sofort einen Schnupfen, und zwar einen gewaltigen. Dann muss ich niesen und wieder niesen, kann gar nicht mehr aufhören. Es ist ein richtiger Monsterschnupfen. Wer von euch schon einmal einen richtigen Schnupfen hatte, der weiß, dass das nicht schön ist. Also habe ich, das Monster Antibaktus, gute Gründe, schmutzige Hände nicht zu mögen. Damit alle anderen Monster nicht vergessen, die Hände zu waschen, habe ich mich zum Händewaschbeauftragten ernannt. Jetzt reise ich durch das Monsterland und verteile lustige Handwaschseife an alle *(hier wäre es eine schöne Idee, an die Kinder kleine lustige Seifen zu verteilen)*, damit niemand das Händewaschen vergisst.
Außerdem habe ich mir einen tollen Händewaschspruch dazu ausgedacht. Und der geht so:

Schubidiwub, pfui Zuckerguss,
mit schmutzigen Händen ist jetzt Schluss.
Mach zuerst die Hände nass,
ja, das ist ein Riesenspaß.
Jetzt noch Seife, eins, zwei, drei,
los geht's mit der Reiberei.
Die Hände schieben vor, zurück,
so muss das sein, so bringt das Glück.
Hoch und runter,
richtig munter,

jeder Finger ist dabei,
denn Schmutz ist mir nicht einerlei.
Mit Wasser spül' die Seife weg,
so hat er keine Chance, der Dreck.
Schubidiwub, pfui Zuckerguss,
mit schmutzigen Händen ist jetzt Schluss.

Gehen Sie mit den Kindern in den Waschraum und waschen Sie gemeinsam die Hände. Sprechen Sie den Spruch mit etwas verstellter Stimme, als würde das Monster den Spruch sagen. Sprechen Sie so langsam, dass der Spruch ca. 20–25 Sekunden dauert, das entspricht der Empfehlung der Bundeszentrale für gesundheitliche Aufklärung.

Weiterführende Idee

Wenn etwas so wichtig ist wie das Händewaschen, dann ist es nicht schlecht, immer mal wieder daran erinnert zu werden. Vielleicht haben die Kinder ja Lust, das Monster Antibaktus zu malen? Dies kann natürlich einfach mit Malstiften geschehen. Noch mehr Spaß macht es allerdings, das Monster frei zu basteln oder zu gestalten, z. B. indem Sie den Kindern Strohhalme und Flüssigfarbe geben und jeder sein Monster pustet (am Schluss Wackelaugen auf das Bild aufkleben), mit Spülbürsten ein Monster druckt oder ein Klatschmotiv mit Farbe erstellt.

37 Lauter bunte Bakterien

KREATIVAKTION

ALTER ab 3 Jahren

ZIELE Fantasie, Kreativität, Spaß, Feinmotorik

MATERIAL große Malblätter, Fingerfarben, Hammer, weißes Papier, Filzstifte, Malkittel

Diese Kreativaktion wird den Kindern sehr viel Spaß machen. Denn sie versetzen den Bakterien, im wahrsten Sinne, einen Hammerschlag.

Diese Aktion verlegen Sie am besten ins Freie und die Kinder sollten unbedingt Malkittel anziehen.

Die Kinder geben zunächst einen Klecks Fingerfarbe in einer Farbe ihrer Wahl auf ihr Blatt und bearbeiten diesen Klecks dann mit dem Hammer. Dadurch spritzt/verteilt sich die Farbe auf dem Blatt und zurück bleibt ein Bild, das aussehen könnte wie eine „Bakterie“. Diesen Vorgang können die Kinder auch mehrmals mit verschiedenen Farben wiederholen.
Nachdem die Farbe getrocknet ist, gestalten die Kinder für jedes Bakterium Augen und malen Mund und Nase auf.

38 Seife herstellen

KREATIVAKTION

ALTER ab 4 Jahren

ZIELE Sachwissen, Kreativität, Fantasie, Feinmotorik

MATERIAL ein Stück Kernseife (ergibt ca. 4 Plätzchenformen) oder 500 g Seifenflocken (ergibt ca. 6 Plätzchenförmchen), Raspel/Küchenreibe, Schüssel, Lebensmittelfarbe, Blütenblätter, Silikonformen oder Plätzchenausstecher, Pipette, Klarsichtfolie

Seife für Kinderhände sollte sanft sein und keine Zusatzstoffe wie Mikroplastik, Mineralöle oder Bestandteile davon oder scharfe Tenside enthalten. Machen Sie sich Ihre Kitaseife doch einfach selbst! Hier finden Sie ein Rezept dafür. Mit der selbst gemachten Seife macht den Kindern das Händewaschen bestimmt Riesenspaß.

Wenn Sie Ihre Seife aus selbst gemachten Seifenflocken herstellen möchten, muss Ihre Seife zunächst mithilfe einer Küchenreibe in feine Späne gehobelt werden. Das sollte aufgrund der Verletzungsgefahr ein Erwachsener übernehmen oder einige Kinder abwechselnd mit Handschuhen.

Die Seifenflocken (selbst gemacht wie oben oder fertig eingekauft) geben die Kinder nun in eine große Schüssel. Mit einer Pipette träufeln die Kinder tröpfchenweise Wasser dazu, bis eine knetfähige Masse entsteht. Mit den Händen können die Kinder nun kneten. Ist die Masse noch zu bröselig, etwas Wasser zugeben. Die Grundmasse zu Herstellung der Seifen ist jetzt fertig. Nach Wunsch können Sie nun noch einen Duft, beispielsweise ein bis drei Tropfen eines verträglichen ätherischen Öls oder einen Seifenduft (Drogerie, Onlinehandel), zugeben und/oder die Masse mit Lebensmittelfarbe oder Seifenfarbe einfärben. Auch Blüten können die Kinder mit in die Masse einkneten.

Für die Weiterverarbeitung gibt es jetzt verschiedene Möglichkeiten:

- Die Masse in kleine Silikonformen füllen.
- Die Kinder drücken die Masse in Plätzchen- oder Ausstechformen, die auf einer Lage Klarsichtfolie liegen.
- Die Kinder formen mit den Händen kleine Bälle oder kneten Figuren.
- Nun müssen Ihre Seifen noch trocknen. Die Trocknungszeit kann je nach Größe der Form bis zu einer Woche dauern, danach sind die Seifenstücke gebrauchsfertig.

TIPP Die Seifen sind auch ein schönes Elterngeschenk.

39 In der Autowaschanlage

SPIEL

ALTER ab 3 Jahren

ZIELE Körperhygiene, Körperbewusstsein, Rücksichtnahme

MATERIAL Rollbrett

Viele Kinder mögen Körperpflege nicht sehr. Das könnte sich bald ändern: In diesem Spiel lassen sich die Kinder als Auto in einer Spiel-Waschstraße waschen.

Wissen die Kinder, was in einer Autowaschanlage passiert? Genau, das Auto wird dort sauber gemacht: Es wird eingeschäumt, mit großen Bürsten geschrubbt, abgespült und zum Schluss trockengeföhnt. Haben die Kinder Lust, als Auto selbst durch eine Waschstraße zu fahren? Dazu setzen sich die Kinder immer einander gegenüber, sodass ein Spalier entsteht. In der Mitte bleibt ein Abstand/ein Gang.
Was passiert alles in Ihrer Waschstraße: nass machen, dann einschäumen, abspülen, trockenföhnen und polieren? Diese Bewegungen können die Kinder nun pantomimisch an jedem „Auto“ ausführen, das durch die Waschstraße „fahren möchte“. Legen Sie auch die Berührungen fest, wie mit den Fingerspitzen tippeln, auf dem Rücken rubbeln, über den Rücken streichen … Dabei können natürlich auch die Geräusche imitiert werden. Das erste Kind „fährt“ in die Waschanlage und das Waschprogramm startet. Ist das Waschprogramm beendet, fährt das Kind aus der Anlage und das nächste Kind, das möchte, kann sich „waschen lassen“.

Im Anschluss können Sie mit den Kindern darüber sprechen, warum es wichtig ist, sich zu waschen – so ähnlich wie bei den Autos in der Waschstraße. Was macht man dabei alles? Halten Sie mit den Kindern auf einem Plakat fest, was bei der Körperpflege wichtig ist, wie Körper waschen, Haare waschen und kämmen, Fingernägel schneiden, eincremen, Zähne putzen. Dazu können die Kinder passende Bilder malen oder auch aus Zeitschriften ausschneiden.

40 Warum schlafen wir?

SACHGESPRÄCH MIT GESCHICHTE

ALTER ab 3 Jahren

ZIELE Sachwissen, Zuhören, Sprache, Ausdruck, Beobachtung, Fantasie

MATERIAL Geschichte

Gehen die Kinder aus Ihrer Gruppe abends auch nicht gerne schlafen? Dann hilft diese Geschichte vielleicht ein bisschen, denn sie erklärt, warum Schlafen wichtig für uns ist.

Geschichte

Die Geschichte, die ich euch jetzt vorlese, handelt von Luca. Luca geht schon in den Kindergarten und liebt das Spielen und Toben. Er liebt auch Kuchen und Süßigkeiten und vor allem liebt er es, wenn seine Oma zu Besuch kommt. Nur eins mag er gar nicht, das Schlafengehen, denn dann kann er nicht spielen.
Nie will er ins Bett, er wird manchmal sogar richtig wütend. Wenn Luca dann doch irgendwann im Bett liegt, denkt er: „Wie blöd ist das denn! Wenn ich nur aufstehen und spielen könnte!"
In seinem Zimmer ist es dunkel, nur der Mond spendet etwas Licht. Er schaut durch das Fenster in den Garten und auf einmal sieht Luca unten beim Gartenbeet ein kleines Licht und erkennt ein ganz winziges Feenmädchen. Er öffnet das Fenster und ruft nach unten: „Wer bist denn du?"
„Ich bin die kleine Fee", antwortet die kleine Fee mit zarter Stimme. „Und wer bist du?"
„Ich bin Luca", antwortet Luca.
Das Feenmädchen klatscht in die Hände. „Willst du mit mir spielen?"
„Ja, das will ich gern", antwortet Luca, denn dann muss er nicht schlafen und kann noch wach bleiben.
„Warte, dann komm ich zu dir hoch!" Und schwupps schwebt die kleine Fee in Lucas Zimmer.
Die Fee fängt mit ihren Händen Mondlicht ein und verstreut es im ganzen Zimmer. Es werden lauter Tiere daraus: Mondkatzen, Mondhunde, Mondpferdchen und sogar Monddrachen, die umherfliegen und Feuer spucken.
Luca versucht, die Mondtiere zu fangen, und hopst herum, dabei tritt er der kleinen Fee auf den Fuß. Sie fängt an zu weinen und Luca möchte sie trösten. Doch bevor er das tun kann, kommt aus dem Garten eine Stimme: „Kleine Fee, wo bist du? Und warum weinst du?"
„Jemand ist mir auf den Fuß getreten, Mami", ruft das Feenmädchen.
„Wer ist dir auf den Fuß getreten?", fragt die Feenmutter.
„Äh, niemand", sagt die kleine Fee, die Luca nicht verraten möchte. „Das war nur … ich bin nur gestolpert!"
„Wenn du jetzt brav in deinem Bett liegen würdest, wie ich es dir gesagt habe, müsstet du nicht weinen", sagt die Feenmutter streng. Und schon kommt sie durchs Fenster geschwebt und schaut ins Zimmer. Auch Luca bekommt einen strengen Blick von ihr.

„Ich und bestimmt auch deine Mama sagen jeden Abend, dass ihr schlafen sollt. Und was macht ihr beiden heute wieder? Alles, nur nicht schlafen. Aber Schlaf ist wichtig, da kann sich der Körper erholen und ausruhen. Denn wenn er fit und ausgeruht ist, dann passieren solche kleinen Unfälle seltener, weil man besser aufpassen kann."
Dann streckt sie ihre Hände aus und nimmt die kleine Fee mit sich fort. Luca kann ihr gerade noch zuwinken.
Die Mondtiere verschwinden und Luca bleibt alleine zurück.
Er ärgert sich, dass er der kleinen Fee auf den Fuß getreten ist.
Vielleicht hat die Feenmutter recht gehabt: Er war schusselig, weil er eigentlich müde war.
Und er ist wirklich müde. Richtig müde. Jetzt ist er sogar sehr froh, dass er schlafen kann.
Als am nächsten Abend Mama fragt: „Wer ist müde und möchte schlafen?", ruft Luca sofort: „Ich!" Diesmal geht er extra früher ins Bett, damit er noch lange mit der kleinen Fee spielen kann.

Lesen Sie die Geschichte nach Wunsch der Kinder noch ein zweites Mal vor. Warum ist es in der Geschichte wichtig, dass Luca schläft? Warum könnte es noch wichtig sein? Wozu braucht unser Körper den Schlaf? Richtig, wir sammeln dabei Kräfte für den nächsten Tag. Wenn die Kinder das interessant finden, können Sie ein aufziehbares Spielzeugtier dazunehmen: Es hört irgendwann auf, sich zu bewegen. Dann muss es wieder aufgezogen werden. Und auch Spielzeuge und Geräte mit Akkus müssen erst wieder Energie tanken, bevor sie wieder eingesetzt werden können. Genauso ist es mit uns Menschen: Im Schlaf laden wir uns neu auf.

41 Die Schürfwunde

GESCHICHTE

ALTER ab 3 Jahren

ZIELE Zuhören, Aufmerksamkeit, Konzentration

MATERIAL Sitzkissen

In dieser Geschichte gehen die Kinder mit Tim zur Kinderärztin. Lesen Sie sie einfach im Sitzkreis, im Morgenkreis oder in der Kuschelecke vor. Ein Gespräch über Verletzungen und Besuche in der kinderärztlichen Praxis kann sich anschließen.

Geschichte

Gestern ist Tim vier Jahre alt geworden. Er hat ein blaues Fahrrad bekommen – das hat er sich schon seit Langem gewünscht. Tim kann sogar schon ganz ohne Stützräder fahren.

Das neue Fahrrad macht Tim so viel Spaß, dass er den ganzen Tag die Auffahrt neben dem Haus rauf und runter radelt. Er wird immer mutiger und immer schneller und dann passiert es: Tim kommt nicht um die Kurve. Er verliert das Gleichgewicht und fällt um. Jetzt ist sein Knie ganz aufgeschürft und er lässt das Fahrrad liegen, humpelt zur Tür und klingelt ganz lange.

„Ach, du Schreck!", sagt Mama, als sie aufmacht. „Bist du hingefallen?"

Tim kämpft mit den Tränen und nickt.

„Das müssen wir der Kinderärztin zeigen", sagt seine Mama, als sie sich das Knie anschaut.

„Warum denn das, ich bin doch schon öfters hingefallen und da hat ein Pflaster immer ausgereicht?", fragt Tim verwundert.

„Diese Abschürfung ist ganz schön groß. Ich will nicht, dass sich die Wunde entzündet", antwortet ihm Mama und beginnt schon ihre Schuhe anzuziehen.

„Was bedeutet entzündet?", fragt Tim.

„Weißt du noch, als sich Papa die Hand verletzt hat? Die Wunde wurde ganz rot und nass und sie hat Papa sehr wehgetan. Deshalb lassen wir dein Knie lieber von der Ärztin ansehen!"

Tim nickt und freut sich sogar ein bisschen, denn bei der Kinderärztin kriegt er immer ein kleines Spielzeug.

Als sie wenig später in der Kinderarztpraxis ankommen, ist das Wartezimmer voll.

Es dauert ganz schön lange, bis sie an der Reihe sind, und Tim ist froh, dass es hier im Wartezimmer so viele Legosteine gibt und er sie heute für sich alleine hat.

Dann werden sie ins Sprechzimmer gerufen. Die Ärztin lächelt ihn freundlich an, als sie hereinkommen.

„Tim, was hast du denn gemacht?", fragt sie.

„Ich bin mit meinem neuen Fahrrad hingefallen. Da sind nämlich keine Stützräder mehr dran", erklärt er.

„Du kannst schon ohne Stützräder fahren? Das ist ja super!" Tim strahlt über dieses Lob. „Na, dann lass mich mal sehen, was mit deinem Knie los ist." Die Ärztin schaut sich Tims Knie genau an und tastet es um die Wunde ab. „Tut das weh?"

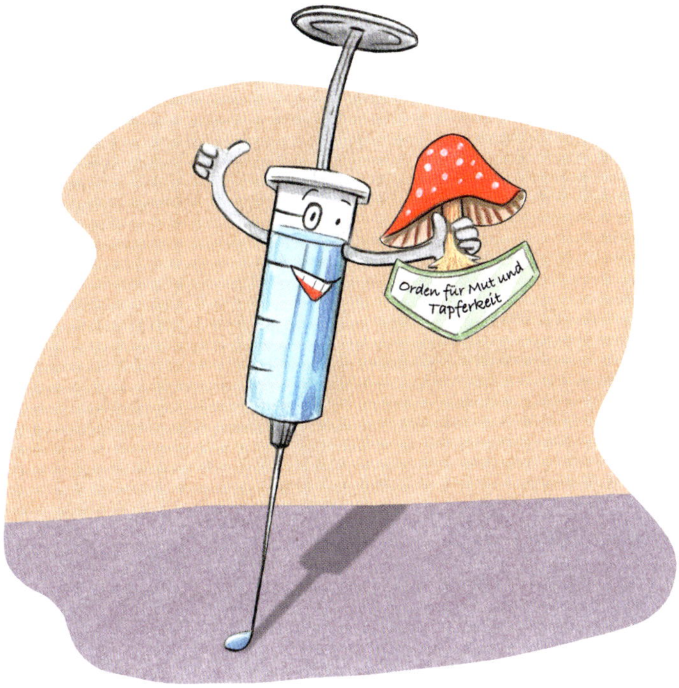

„Und wie“, jammert Tim.
Die Ärztin holt ein Spray, eine Tube mit Salbe, ein Stück Mull und eine Binde aus einer Schublade. Sie sprüht das Desinfektionsspray auf die Wunde, um sie zu reinigen, gibt Salbe auf das Knie, legt den Mull darüber und umwickelt es mit der Binde. Dann nimmt sie einen Stift und malt ein Gesicht auf den Verband.
„Das sieht lustig aus“, freut sich Tim. „Fast wie mein Opa, der hat auch weiße Haare.“
Mama und die Ärztin lachen.
„Wie sieht es mit einer Tetanusimpfung aus?“, fragt die Ärztin Mama.
Tim weiß nicht, was sie damit meint.
„Ich glaube, sie ist nötig“, sagt Mama. Gemeinsam blättern sie in Tims Impfausweis.
Dabei wird es Tim etwas mulmig.
„Du brauchst keine Angst zu haben, das tut gar nicht weh“, meint Mama und drückt ihn an sich
Tim wehrt sich: „Doch, beim letzten Mal hat es wehgetan.“
„Aber da warst du noch viel kleiner“, sagt die Ärztin, „Jetzt bist du doch schon so groß.“ Sie zeigt mit dem Arm, wie groß Tim ist. „Wenn du dir die Spritze nicht geben lässt, kannst du sehr krank werden.“
„Wieso?“, möchte Tim wissen.
„Weil die kleinen Bakterien aus der Wunde in deinen Körper krabbeln und dich krank machen können“, erklärt die Ärztin.
„Dann hau sie doch tot“, schlägt Tim vor.
„Ich hab da was Besseres. Hier in der Spritze sind kleine Helfer. Die bauen eine Schranke in deinem Blut, dann können die Bakterien nicht mehr durch und du bleibst gesund.“
„Toll“, sagt Tim und hat seine Angst schon fast wieder vergessen.
Die Ärztin lächelt ihn an: „Ich bin ganz vorsichtig und du musst aufpassen. Ich möchte nachher von dir wissen, ob die Spritze piks oder paks gemacht hat, einverstanden?“
„Okay“, sagt Tim, legt sich auf die Liege und wartet auf den Einstich. Da, es hat piks gemacht!
„Piks, piks, piks“, ruft er und springt auf.
„Prima, jetzt bist du schon fertig!“, ruft die Ärztin und lacht.
„Was, das war's schon?“
„Ja, hat gar nicht wehgetan, oder?
„Nur ganz wenig“, gibt Tim zu und setzt sich wieder hin.
Die Ärztin klebt ein kleines Pflaster auf die Einstichstelle. Dann holt sie eine Schachtel aus ihrer Schreibtischschublade hervor. In der Schachtel sind kleine Spielzeugfiguren und Tim darf sich eine davon aussuchen. „Gleich bekommst du noch etwas“, sagt die Ärztin. „Das bekommen Kinder, die sehr mutig waren.“
„Ehrlich?“
Die Tür geht auf und eine medizinische Angestellte bringt eine Anstecknadel. Da ist ein Pilz drauf und es steht auch etwas in ganz bunter Schrift drunter. Die Anstecknadel bekommt Tim. Mama steckt sie ihm an sein T-Shirt.

„Was steht denn da drauf, Mama?" „Orden für Mut und Tapferkeit", liest Mutti vor. „Den hast du dir wirklich verdient", sagt sie stolz. Die Ärztin winkt zum Abschied.
„Tschüss!", ruft Tim, er ist froh, dass er tapfer war und dass die kleinen Bakterien ihn nicht mehr krank machen können.

Zum Abschluss

Haben die Kinder Fragen zur Geschichte, beispielsweise zur Tetanus-Spritze? Im Anschluss können Sie alle Fragen der Kinder gemeinsam klären. Vielleicht möchten die Kinder auch von ihrem letzten Besuch bei der Kinderärztin/dem Kinderarzt erzählen?

42 Spiel und Spaß rund um den Körper

ELTERNAKTION

ALTER ab 2 Jahren

ZIELE Gemeinschaftsgefühl

MATERIAL
Station 1: Musik, Papier, Schere, Löffel, Buch, verschließbare Döschen, Büroklammer, Stein, Steinchen, Sand, Wasser, Glas
Station 2: 3 Schuhschachteln, Mais, Linsen, Reis, getrocknete Erbsen, Fühlsäckchen, Baustein, Spielzeugauto, Löffel
Station 3: Kaffee, Tee, Essig, Honig, Zimt, Gewürze, Zitrone, Orange, Papierkarten, undurchsichtige Gläser
Station 4: Apfelsaft und weitere unterschiedliche Säfte, Gläser, Löffel, Wasser, Salz, Essig, Maggi, Zucker, Wattestäbchen
Station 5: 5–10 Bildkarten, Tuch, Sanduhr, Fädelschnüre, Perlen, Naturmaterialien
Station 6: Bewegungskarten, Schere, Stifte, Plakat, verschiedene Gymnastikgeräte wie Bälle, Springseile, Reifen ...

Das Fest ist ein Familienfest, bei dem auf die Eltern und ihre Kinder viel Spaß und neue Erfahrungen warten. Die Eltern haben hierbei die Möglichkeit, ebenso wie die Kinder, ihre eigenen Fähigkeiten an verschiedenen Mitmachstationen zu testen.

Nachfolgend sind Stationen aufgeführt, aus denen Sie Ihr individuelles Fest gestalten können. Verstehen Sie die Stationen als Anregungen und Beispiele, Sie entscheiden, wie Sie diese umsetzen und gestalten.

Station 1: Unsere Ohren

Song-Detektive

Nehmen Sie eine CD mit bekannten Kinderliedern oder auch Schlagern. Spielen Sie jeweils die ersten Takte eines Liedes an. Schalten Sie die Musik dann aus und lassen Sie die Familie erraten, welches Lied gespielt wurde.

Geräusche-Rater

Legen Sie hinter einer Stellwand oder einem Karton alltägliche Gegenstände bereit. Die Kinder erzeugen mit diesen nun ein Geräusch, das der Rest der Familie erraten soll.
Zum Beispiel:

- mit einer Schere Papier schneiden
- Papier zerknüllen
- ein Buch umblättern
- zwei Löffel aneinanderschlagen
- mit einem Löffel in einem Glas rühren

Hörmemory

Stellen Sie eine gerade Anzahl von verschließbaren Döschen, z. B. alte Filmdosen, bereit. In jeweils zwei kleine verschließbare Dosen werden die gleichen Gegenstände gefüllt, wie Sand, Steinchen, Wasser, einen Stein, Büroklammern usw. Nun werden die Dosen gemischt und auf dem Tisch verteilt. Die Familien versuchen nun, die Dosen mit dem gleichen Inhalt zu finden und einander zuzuordnen. Damit das Ergebnis überprüft werden kann, kleben Sie unten auf gleiche Dosen gleichfarbige Punkte oder andere Aufkleber.

Station 2: Meine Hände

Wo ist der Mais versteckt?

Nehmen Sie drei Schuhschachteln oder auch kleinere Kartons und schneiden Sie jeweils auf einer Seite ein Loch zum Reingreifen hinein. Füllen Sie in eine Schachtel Mais, in die anderen beiden z. B. Linsen, Reis oder getrocknete Erbsen. Die Familien befühlen den Inhalt, ohne nachzuschauen, und verständigen sich anschließend darüber, in welcher Schachtel/welchem Karton der Mais ist. Dann dürfen alle nachschauen, ob das Ergebnis richtig ist.

Fühlsäckchen

Geben Sie jeweils einen Gegenstand in ein Säckchen, z. B. einen Baustein, ein Spielzeugauto, einen Löffel usw. Legen Sie jeweils passende Bilder dazu. Die Familien fühlen nun von außen und erraten, welcher Gegenstand sich in dem jeweiligen Säckchen verbirgt. Sie ordnen dem Gegenstand das passende Bild zu, anschließend schauen alle nach, ob die Familien richtig geraten haben.

Station 3: Meine Nase

Was riecht denn da?

Füllen Sie Lebensmittel mit starkem Eigengeruch wie Kaffee, Tee, Essig, Honig, Zimt und Kräuter in undurchsichtige Gläser. Stellen Sie die Lebensmittel oder die Verpackungen dazu und lassen Sie die Familien erraten und zuordnen, welches Lebensmittel sich hinter dem jeweiligen Duft verbirgt.

Ist es eine Orange oder eine Zitrone?
Malen Sie auf jeweils drei Kärtchen einen gelben oder einen orangefarbenen Punkt auf die Rückseite. Dann reiben oder tropfen Sie auf die Karten mit dem gelben Punkt Zitrone und auf die mit dem orangefarbenen Punkt Orange. Die Familien riechen nun an den Kärtchen und sortieren diese. Zum Überprüfen haben sie die farbigen Punkte auf der Rückseite.

Station 4: Mein Mund

Welches ist der Apfelsaft?
Füllen Sie drei bis fünf in der Farbe ähnliche Fruchtsäfte in Gläser und legen ausreichend Löffel bereit, damit für jedes Glas ein neuer Löffel verwendet werden kann. Einer der Säfte sollte ein Apfelsaft sein. Nachdem jeder jedes Glas probiert hat, legen sich alle gemeinsam fest, welches der Apfelsaft ist.

TIPP Um es etwas schwieriger zu gestalten, verdünnen Sie die Säfte mit Wasser.

Was ist süß?
Stellen Sie vier Gläser bereit und füllen Sie diese mit Wasser. Anschließend geben Sie einen Spritzer oder kleinen Löffel Zucker in das eine, Salz in das nächste, Essig in das dritte und Maggi (Vorsicht: enthält Gluten!) in das vierte Glas. Legen Sie Wattestäbchen bereit, mit denen die Familien den Inhalt probieren können. Die Familien werden das Süße schnell erkennen, doch es ist ein Spaß, alles durchzuprobieren.

Station 5: Meine Augen

Kann ich mir alle merken?
Kleben Sie fünf bis zehn Bilder nebeneinander auf, auf denen einzelne Gegenstände zu sehen sind. Die Bilder sollten nur so groß sein, dass man sie mit einem Tuch abdecken kann. Stellen Sie eine Sanduhr mit einer Minute Laufzeit bereit. Die ganze Familie soll sich eine Minute lang die Bilder einprägen, dann wird alles abgedeckt. Kann die Familie alle Gegenstände benennen, die abgebildet waren? Wer schafft es zusätzlich, alle Bilder in der richtigen Reihenfolge aufzusagen?

Kann ich blind zählen?
Fädeln Sie unterschiedlich lange Perlenketten auf. Es sollten etwa 3–4 Ketten sein mit 5, 10, 15 und 20 Perlen. Ein Familienmitglied schließt die Augen, bekommt eine Kette in die Hand und muss die Perlen durch Ertasten zählen. Gar nicht so einfach, wenn man nichts sieht.

Was sieht denn da anders aus?
Bei diesem Spiel legen Sie zwei identische Bilder aus Naturmaterialien nebeneinander auf eine Unterlage, Sie bauen jedoch ein paar Unterschiede ein. Die Familien müssen diese Unterschiede nun finden. Schreiben Sie die Lösung auf eine Karte, sodass sich die Familien anschließend selbst kontrollieren können.

Station 6: Mein Körper

So bleibe ich fit

Legen Sie 4–8 Karten bereit, auf denen sportliche Übungen stehen, z. B. Kniebeugen, Hampelmann, auf einem Bein hüpfen usw. Die Familien führen die Übungen gemeinsam durch.

TIPP Sie können auch eine Drehscheibe basteln, auf der die Übungen abgebildet sind, und nennen es „DIE SPORTLICHE MINUTE". Die Familie dreht und macht eine Minute lang die Übung. Stellen Sie dazu auch eine Sanduhr von einer Minute Laufzeit bereit.

Das Turngerät

Legen Sie Bälle, Springseile und Reifen für die Familien bereit. Über einen festgelegten Zeitraum sollen sich alle mit den Turngeräten beschäftigen. Dabei können Sie gemeinsam, aber auch jeder für sich agieren.

Der menschliche Körper

Malen Sie oder die Kinder im Vorfeld die Umrisse eines menschlichen Körpers auf ein großes Plakat und zerlegen sie diese in fünf bis zehn Puzzleteile. Die Familien setzen gemeinsam den „Körper" zusammen.

Körperteile 1

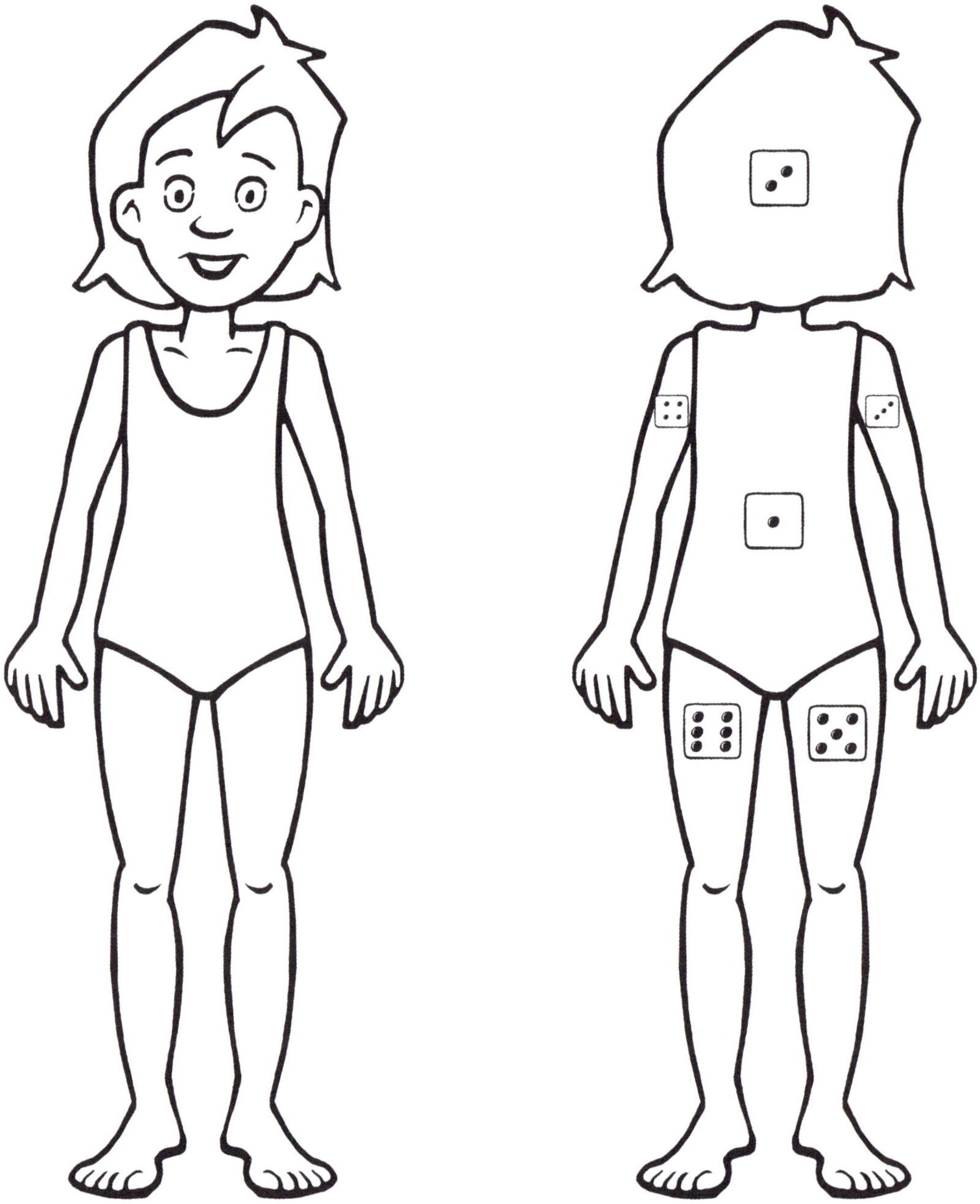

Körperteile 2

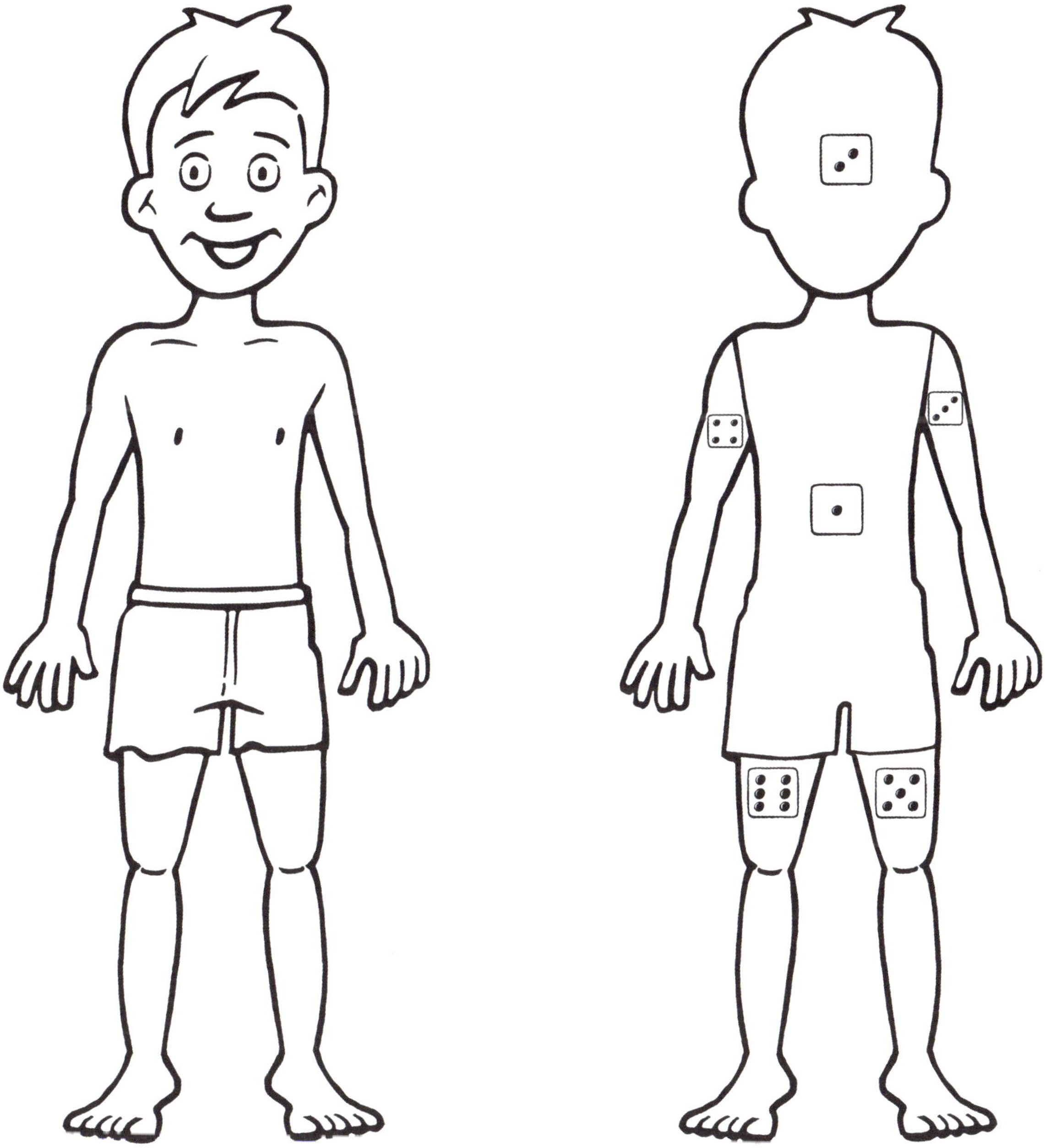

Monster

Mein Körper

Datum ....

Alter ....

Körpergröße .... cm

Schuhgröße ....

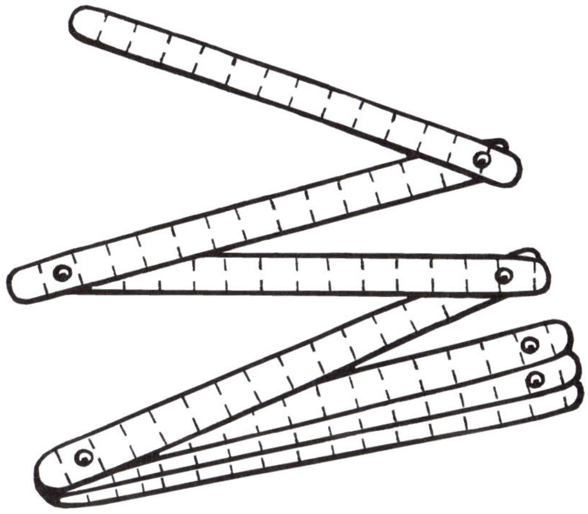

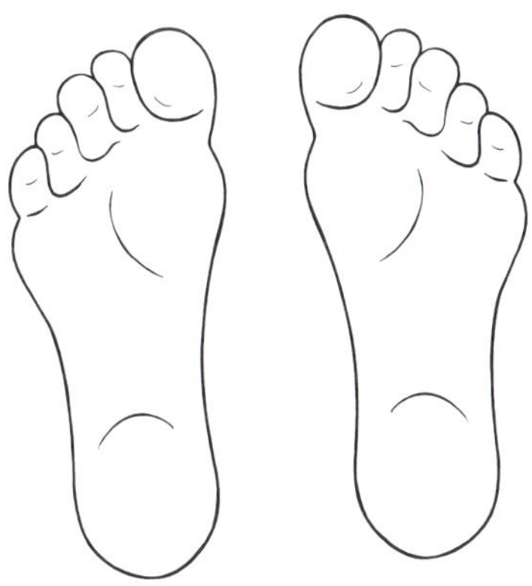

Foto

Gesicht

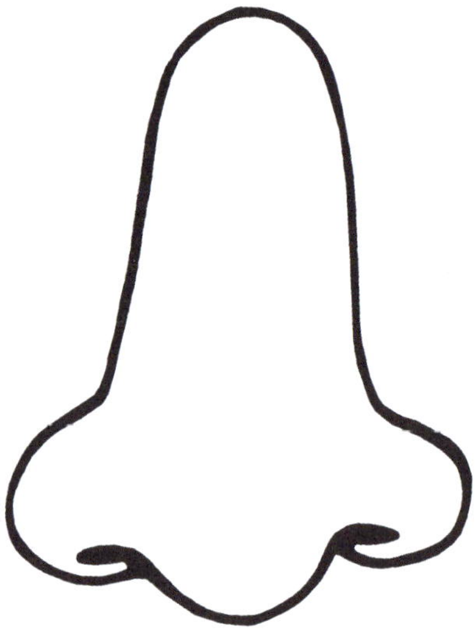

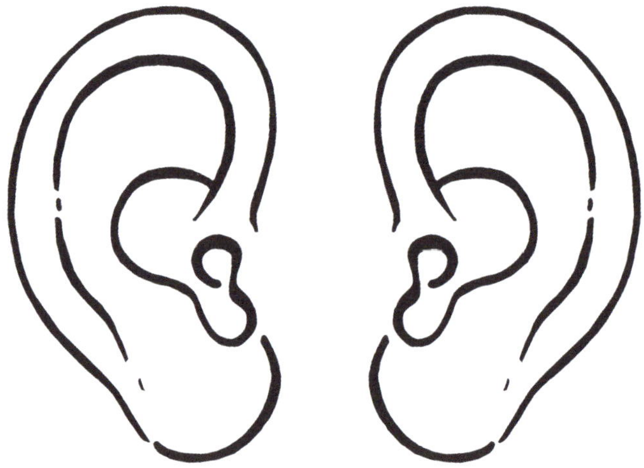

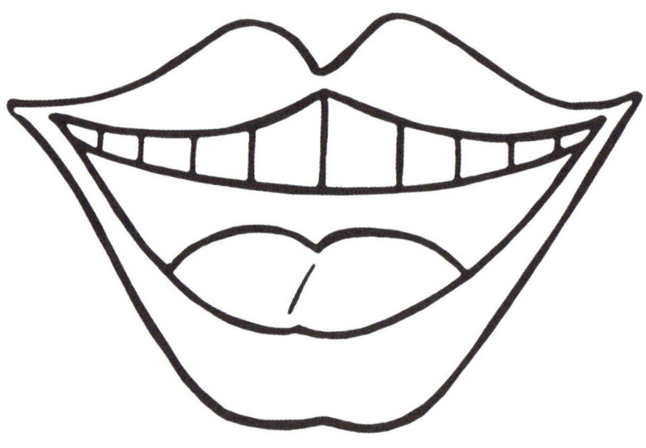

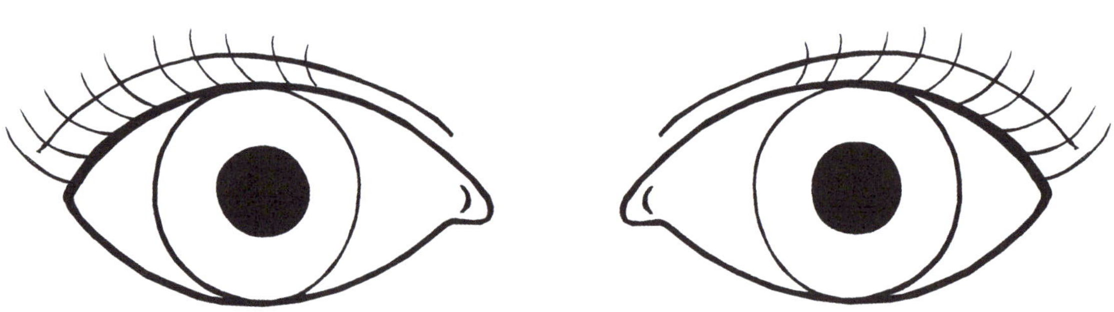

Skelett

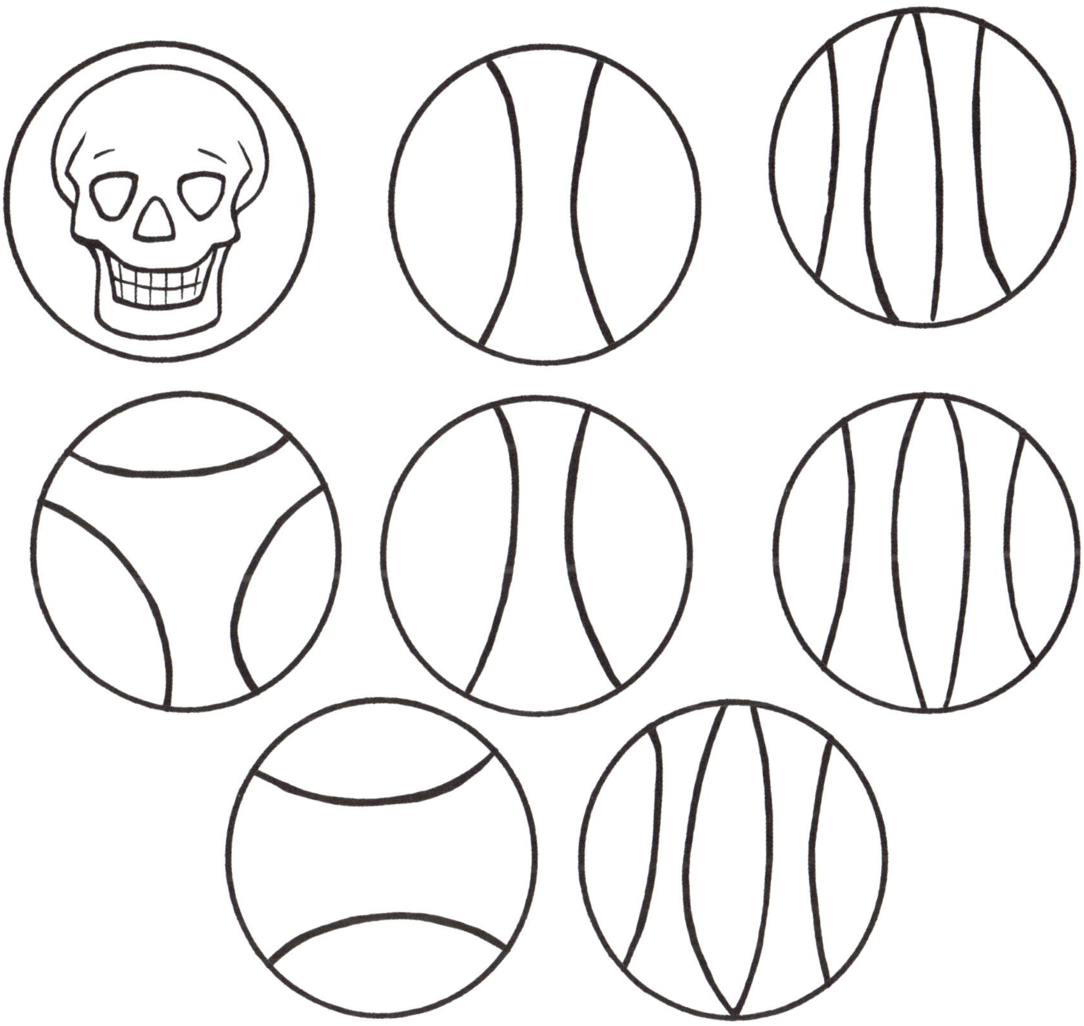

Schädel

Lunge

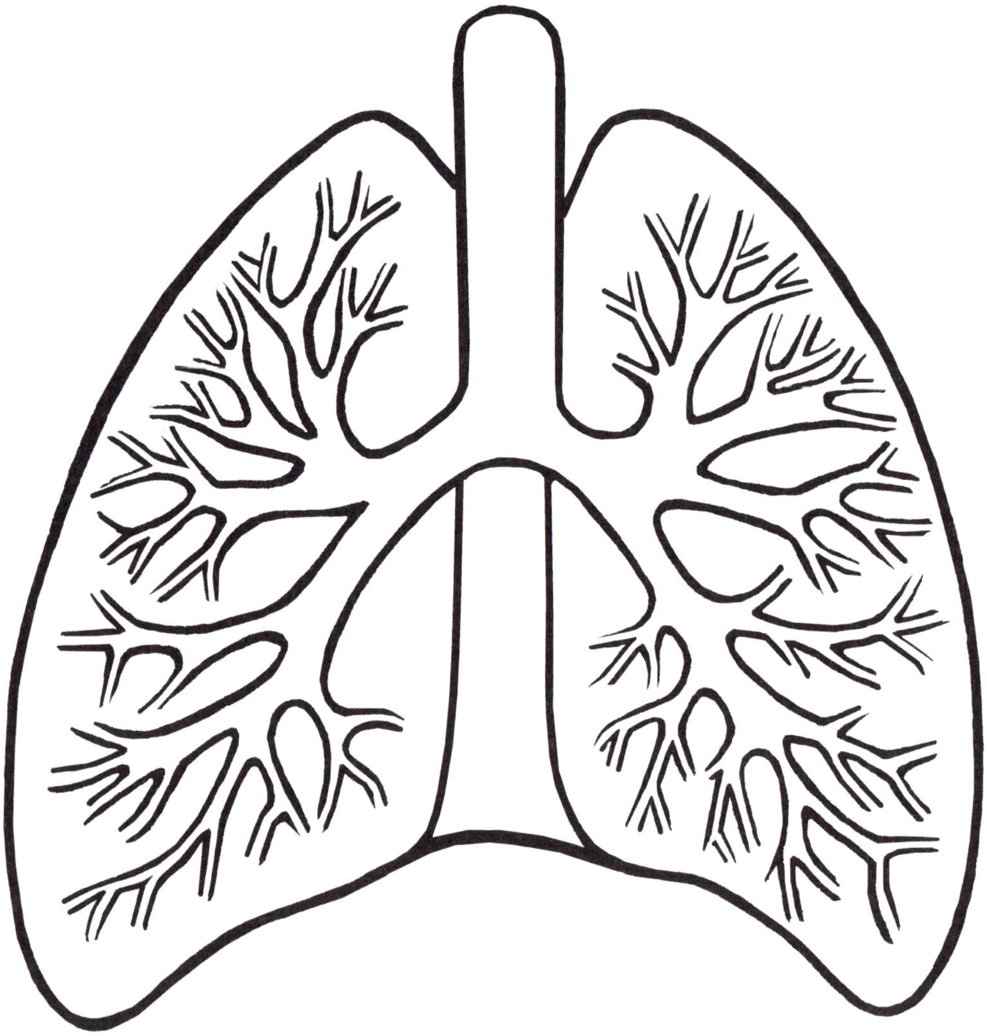

Zähneputzen

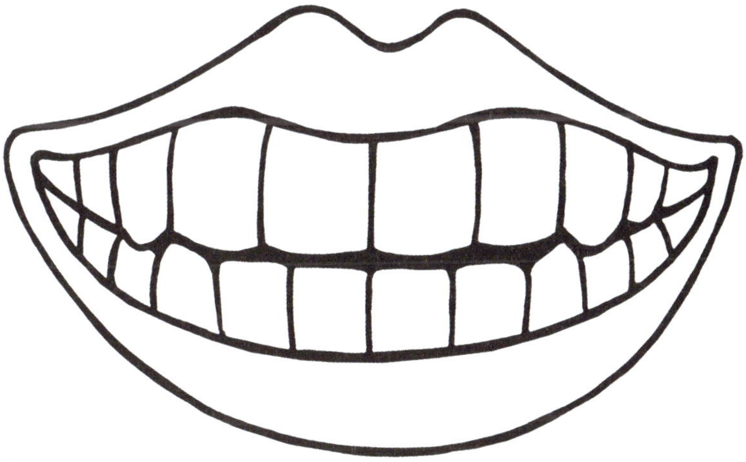

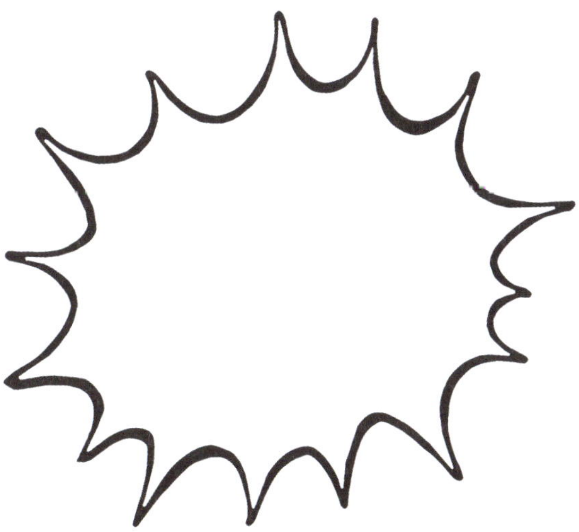

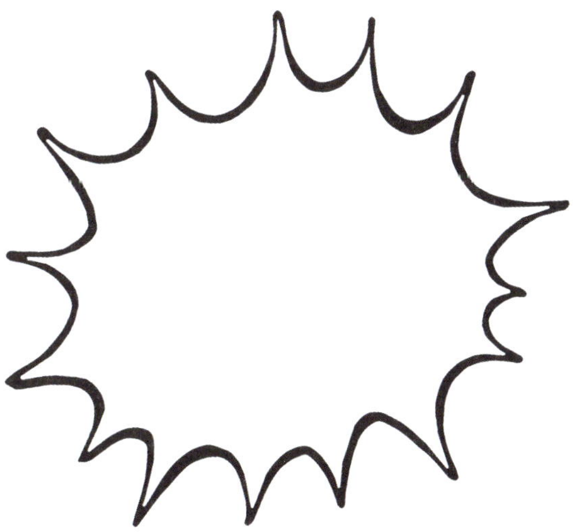

Bibliografische Information der Deutschen Bibliothek
Die Deutsche Bibliothek verzeichnet diese Publikation in der Deutschen Nationalbibliografie; detaillierte bibliografische Daten sind im Internet über http://dnb.ddb.de abrufbar.

1. Auflage 2024

Texte: Anja Mohr
Illustrationen: Rebecca Meyer
Fotos: Anja Mohr mit Ausnahme von
Fonds S. 7, 23, 33, 43, 53 © DIgilife – AdobeStock, S. 7 © New Africa – AdobeStock, S. 23 © DIgilife – AdobeStock, S. 33 © Creativa Images – AdobeStock, S. 43 © yAOinLoVE – AdobeStock, S. 53 © Елена Якимова – AdobeStock
Cover: © Racle Fotodesign – AdobeStock

Druck und Bindung: ADverts Printing House

ISBN 978-3-7806-5205-8